U0524320

金钱整理

整理金钱流经的七个通道,
财富就会自然流向你

［日］市居爱 著　徐妍 译

お金を整える

华夏出版社
HUAXIA PUBLISHING HOUSE

OKANE WO TOTONOERU by AI ICHII
Copyright © 2016 Ai Ichii
Original Japanese edition published by Sunmark Publishing, Inc.
This Simplified Chinese Language Edition is published by arrangement with Sunmark Publishing, Inc. through East West Culture & Media Co., Ltd., Tokyo
All Rights Reserved.

版权所有，翻印必究。
北京市版权局著作权登记号：图字01-2021-4371号

图书在版编目（CIP）数据

金钱整理 /（日）市居爱著；徐妍译. ——北京：华夏出版社有限公司, 2023.12
ISBN 978-7-5222-0246-4

Ⅰ.①金… Ⅱ.①市… ②徐… Ⅲ.①私人投资-基本知识 Ⅳ.①F830.59

中国版本图书馆CIP数据核字（2021）第279689号

金钱整理

作　　者	[日] 市居爱
译　　者	徐　妍
责任编辑	陈　迪
出版发行	华夏出版社有限公司
经　　销	新华书店
印　　装	三河市万龙印装有限公司
版　　次	2023年12月北京第1版　2023年12月北京第1次印刷
开　　本	880×1230　1/32开
印　　张	6.25
字　　数	60千字
定　　价	59.00元

华夏出版社有限公司　网址：www.hxph.com.cn 地址：北京市东直门外香园北里4号 邮编：100028
若发现本版图书有印装质量问题，请与我社营销中心联系调换。电话：（010）64663331（转）

金钱存在着流经通道。

钱包和银行卡是金钱进出的流经通道。

冰箱是伙食费的流经通道。

记事本记录着计划，是交通费和应酬费的流经通道。

就像房屋散乱会让人注意力分散一样，如果金钱的流经通道散乱，金钱也势必会分散得到处都是。

重要的是将这个通道整理得干净利索。

我会向你介绍整理金钱流经通道后引发的金钱与心理的戏剧性变化。

推荐序 I
整理金钱通道，成为让金钱喜欢的人

冯晓琳

醒觉心灵 CEO、金钱整理工作坊引进者

我们生活在一个从未有过的支付便捷的时代里，金钱在各种线上支付平台"叮"地一声就离我们而去。当一堆信用卡账单来临的时候，我们却难以置信地发现：上个月，不知不觉地，我们竟然花了那么多钱。

这是当代年轻人的金钱现状，也是我在 2017 年之前所遇到的问题。那个时候，我虽然在经济上已经相对自由了，但每次看到信用卡账单时，心中还是会对金钱产生一丝恐惧。因为，即使看到那些金额，我还是想不起自己到底是怎么花掉那些钱的。我也会常常忍不住在心里批评自己怎么这么会乱花钱。

问题，即是答案！

带着对金钱问题的困扰，我开始到处找一些与金钱相关的书籍，于是就看到了市居爱老师刚在台湾出版的新书《金钱整理》，这本书让我的眼前突然一亮。

封面上的这句话——只要收拾好存折、冰箱和另一半，钱自然就会流向你！——更是让我如梦初醒。

每个人好像都在追着钱跑，都在努力，为了赚钱，为了生活，牺牲着时间甚至是健康，但最后能拥有的钱却那么少，有些人甚至还会背负债务。

整理金钱通道，真的能让钱自然流向我们吗？

能让我们不再辛苦地追着钱跑吗？

带着这样的好奇和疑问，我迫不及待地买来了这本书，希望能找到解答我心中疑问的答案。收到书后，我废寝忘食把它看完了。当天晚上，我激动得内心久久不能平静。

我被市居爱老师的人生改变故事深深感动了！

我也仿佛看到书中所描绘的那个画面：一个平凡又普通的两个孩子的妈妈，一边忍受着身体健康的问题——梅尼埃病（一种内耳疾病，只要天气一冷，人就会感觉天旋地转，还会出现耳鸣等症状），一边听着沮丧的先生告诉

推荐序｜整理金钱通道，成为让金钱喜欢的人

她，他也失业了。她打开鼓鼓的塞满各种票据和打折券的钱包，心里充满了对金钱的恐惧以及对未来的不安，她在心中默默盘算着，不知道这些钱还能支撑一家四口人的生活到什么时候。

就在这种不知所措中，她慢慢把里面所有的杂物都拿出来，通通整理一番。突然，她心中对未来不安的感觉好像渐渐消散了……

我开始反思自己的生活：我已经有了一份自己热爱的事业，银行卡里也有着不错的存款，但为何我对于金钱还是会感到恐惧和不安呢？

第二天，我开始按照书中分享的整理金钱通道的方法，大刀阔斧地整理各个金钱通道，从钱包、银行卡、家到冰箱，一一开始，就差整理老公了。

通过对各个金钱通道进行近一周的整理，我忽然感觉自己的生活焕然一新了。我非常开心地从家里的各个抽屉中、包包里，甚至是衣服的口袋里，找出了好几千块钱。

市居爱老师在书中说：其实你不是没有钱，只是因为钱到处散落，所以才会看不见。

我真的亲身体验到了这一点，真的太神奇了！

随着对金钱通道的彻底整理，我的生活也开始变得更有秩序，我对自己需要什么和不需要什么也更清晰了，曾经胡乱购买的欲望也渐渐减少了，生活开始变得更简单。我心中对金钱的不安感开始渐渐被对金钱的感恩和喜悦所替代。

因为从书中获益良多，我内心萌发了更大的梦想。

我希望能和市居爱老师成为朋友，希望能邀请她来中国，分享她的人生故事，帮助更多女性通过整理金钱通道来改善和金钱的关系，过上理想的生活。

也许是我这个梦想太纯粹了吧，在2017年10月，我真的就顺利邀请市居爱老师来上海举办了第一期"金钱整理的魔法课"，之后又在2018年、2019年陆续开课，共开了四期，培养了一批金钱整理顾问，像市居爱老师一样帮助更多女性朋友，借由整理金钱通道，让金钱服务于她们人生的最重要梦想！

不再追着钱跑，不再留不住钱，

不再总是对金钱感到不安和恐惧，

通过整理你的金钱通道，

你也能更好地驾驭金钱，成为金钱喜欢的朋友，让金钱源源不断地自然流向你!

非常期待市居爱老师这本简体版的《金钱整理》出版上市!

希望你们能够喜欢这本书,同时祝愿每个有缘看到这本书的人也能整理出自己美好而幸福的人生!

推荐序 II
金钱整理——和自己的金钱谈恋爱

黄英伦

橙真玩橙时创始人

整理自己的金钱，是一件带来许多希望的事情。

那是一种只要自己去行动就会切身感受到的希望。

无论上一刻的自己有多沮丧、多懊恼、多没信心，只要愿意从整理自己的金钱开始，你就会不可思议地发现，自己竟然开始觉得有力量了，知道自己要如何往下走了——无论是面对自己、自己的金钱，还是面对自己的整个人生。

这是金钱整理带给我的个人体验，也是我服务许多学习金钱整理的小伙伴时在他们身上见证到的。

我从小就是一个喜欢整理的人，大人们不提醒我，我也会很自然地收拾自己的房间，帮着收拾家里。虽然小时候的零花钱我也会一张张整齐叠好后放在存钱盒里，但我真正意识到可以将"整理"和"金钱"这两者结合起来的，是在上市居爱老师课程的时候。

我当时惊叹：我从来没有想过，原来金钱也是可以整理的！原来整理自己的金钱可以让我这么清晰地看见我的金钱！可以让我这么真切地感受到自己面对金钱和人生时的力量！而且方法本身还非常地落地！

这令当时的我感到耳目一新，精神振奋。

在这几年的践行之中，我的体悟越发深刻：整理自己的金钱所带来的这份希望是持续性的。

因为在这个过程中，我们会不断告别旧的金钱状态，告别那些自己不再需要体验的自我，从而一次次地见证自己的新生。

面对自己的金钱，有时候是一件很难的事情。

没有人不希望自己手上有钱，内心丰盛。

难就难在，随着我们进入电子化时代，钱变得越来越看不到、摸不着——手机上的按键就那么按几下，钱就少了、没了，都不知道去哪里了。

于是我们开始感叹，怎么还没享受够金钱所带来的丰

推荐序Ⅱ 金钱整理——和自己的金钱谈恋爱

盛,它就又走了呢?

等自己想起来,想要坦诚面对自己的金钱状态时,又禁不住两手一摊:要从哪里开始呢?

这就是金钱整理带来希望的地方。

市居爱老师在这本书中分享了我们可以如何整理自己的金钱账户,整理家里的冰箱、家、负债与伴侣(或者其他重要的人)。市居爱老师把它们称为"金钱通道"。

它们就像是金钱的载体一样,让原本看不见、摸不着的金钱变得非常具象化、有迹可循,到处都是线索——它们让我们看到我们对金钱的真实态度,知道钱是怎么来的,又是怎么走的。

这里非常珍贵的是,这种希望是你真正能够感知到的——因为借由自己亲自整理的这个过程,我们会经由自己的五感,具体而鲜活地体验到金钱是如何在我们生活中存在的。

举一个很小的例子:你在脑海中想象自己花500块买了一件衣服,然后思考:"这件衣服、这花出去的500块对我自己意味着什么?"

另一种情况是,你站在自己的衣柜面前,欣赏衣柜里

9

的"景象",观察那件衣服在哪里、什么颜色,再用双手感受它的质地,然后把它穿在身上,你甚至能回想起和这件衣服有关的事情。这时,你再问自己一次:"这件衣服、这花出去的 500 块对我自己意味着什么?"

这两次的体验会很不同。尤其是在节奏越来越快、我们仿佛对金钱越来越容易感到不安和焦虑的现代生活里,我们以为,只要赚更多的钱、还更多的贷款,自己就会感觉更富足,这样的话,我们想要借由金钱体验的安全、自由、丰盛、快乐就都会有了,但事实是,只要我们没有赚更多的钱,只要我们发现手中的钱还不足以让自己满足,我们依然会不安,依然会焦虑,无论自己是否真的赚得更多了——我们在某个瞬间顿悟:这无法使我们真的停止不安和焦虑。

直到我们重新来过,重新给自己和金钱一个机会——重新去感知的机会,重新去对话的机会。

当我们追着钱跑的时候,我们以为钱是我们的梦中情人,我们幻想着,有了梦中情人,一切都会好的。

如果自己不够有勇气,感觉自己不配拥有,就只能偷偷在晚上入睡时梦见它,又或者偷偷沉浸在头脑演绎的一个个白日梦里——如果现实生活中不会有,那就希望自己

推荐序Ⅱ　金钱整理——和自己的金钱谈恋爱

不要醒过来。

甚至当这一切都变得太过严肃和压抑的时候，我们掉入"就是自己不够好"的怪圈——就是因为"我还不够好"，所以金钱只能是梦中情人，而不是亲密爱人。

这种面对金钱的心态和能量，听着就能让我们感到疲惫了。

当我们整理这些金钱通道的时候，我们就好比在和金钱谈恋爱。

谈恋爱的心情，不同的人在不同的时刻可能会不同，可能是酸酸甜甜的，可能是浪漫又有戏剧性的，可能是细水长流的，等等。

不过，谈恋爱的心情总会让人感受到某种希望，某种知道自己正在试着靠近幸福的美好。这令我们感到很真实，因为我们谈恋爱的时候，我们会约恋人见面，会和对方坐下来聊天，会一起做些什么，会借由五感对对方有一个具体而形象的了解。

在和恋人相处的过程中，我们可能也会激发出一些自己心中的不快情绪，但在彼此的互动中，双方越来越有默契，会开始放下那些不适合的互动方式，在磨合之中知道

11

了要如何与彼此相处得更好。不知不觉中，我们也会因为这些互动变成了一个新的自己。

这就是我先前说的，金钱整理所带来的希望是持续性的。

在金钱整理的过程中，这里的恋爱对象便是自己的"金钱"。

一次次整理金钱的过程犹如我们与金钱谈恋爱的一次次互动，它让我们更加理解自己，懂得金钱，越来越知道要如何去享受彼此在一起的快乐。

我们不需要自己很完美，也不需要自己在金钱意识上毫无卡点，只要自己愿意练习一点一点地面对更多关于自己、关于金钱的真相，开始在这个过程中建立起真实的自信，再笃定地知道：

原来自己真的可以。原来自己真的可以体验丰盛和富足。原来金钱在自己的生命中真的是美好的存在。原来自己真的可以创造出自己想要的人生。

当我想象着，国内有越来越多的人践行这个方法，可以为我们整个集体带来改变时，我备受鼓舞。我期待着。

祝福每一位整理金钱的你体验喜悦、希望、新生和丰盛。

序章
金钱的流动有通道

整理金钱流经的"通道"

"啊,钱包里没钱了……得赶紧找自助取款机。"

"晚饭吃什么呢……冰箱里什么也没有。"

"咦?这个月钱不够花了……钱都花到哪里去了?"

"信用卡的账单到了。到还款日之前还有没有用来还信用卡的钱呢……"

上述内容是我直到六年前都在脑海里碎碎念的自言自语。毕竟关于金钱的烦恼可不是能大声跟别人讨论的事情。

坦率地说出没钱这事儿,相当于向别人毫无隐瞒地说出自己生活得很失败的现实。就连当初丈夫的公司倒闭时,我都倔强地没有说出"我们家没钱了"这句话。

六年后的今天，对于金钱，我没有任何烦恼。这是因为我注意到了没钱的真正原因是：

金钱的"通道"散乱了。

同时，我也发现了"仅仅是整理了散乱的通道，金钱也会增多"这件事。

也许有人会有疑问："为什么仅仅是整理了，钱就能增多呢？"在此，我想自信地解释一下。

仅仅是收拾、整理散乱的金钱通道，金钱的流通就会得以改善，转眼间金钱就增多了。

这，便是人生戏剧性变化的开始。

"金钱散乱"是一种怎样的状态？

请各位想象一下一个乱七八糟的家。

地板上散乱地放着不需要的东西，连落脚的地方都没有。

进入玄关后可以看到，经常穿的鞋和平时几乎不穿的鞋混在一起，被挤放在狭窄的空间里。刚脱下的鞋被乱塞在仅有的缝隙里。

接着，我们来到走廊。走廊上散乱放着各种物品：脏衣篮、大人的包包、孩子的双肩包和脱下来不管的袜子。我们前往客厅的时候还得注意不要踩到它们。

客厅的地板上也放满了不知何时买来的杂物、不会再读第二次的杂志、纸袋、报纸等各种物品，根本没有落脚的地方。

厨房里也堆着要洗的餐具。

不管怎么收拾，丈夫总不记得把用完的杯子放回原处，孩子的玩具总是玩完就那样放着了。

……

在那样的状态下，人们最终丧失了整理和打扫的力气，结果散乱的状态成了平常的状态。

房间整体的能量（气场的流动）也因此积压停滞了。

人们在这种状态下是无法顺利活动的。

这样会引发人们压力堆积、注意力不集中、效率低下、运气变差等恶性循环。

这样，人们就算待在屋里，注意力也经常会分散。

金钱也是如此。

金钱的流动存在着各式各样的"通道"。

首先是钱包，这可是金钱进出最频繁的通道呢。

接着是银行卡，工资被汇入这里，房租和电费、燃气费等会从这里支出。

最后是冰箱，乍看起来，它跟金钱没有关系，但其实它和伙食费是紧密关联的。

你会将从超市买的食材放入冰箱，在做饭时再从冰箱中取出。伙食费这笔钱是在这里进出的。

如果不整理上述金钱流动的通道，新的收入就不会产生，而浪费的花销却会不断出现。

另外，由于通道过于散乱，人们也不会注意本来应该存在的金钱。

就像房屋散乱会让人注意力分散一样，如果金钱的流经通道散乱，金钱也会分散。

我们不可以将散乱的状态当作平常的状态。

我们应该整理、扔掉不需要的东西，改善金钱流动的情况。

关注"通道",而非"余额"

我以前也是经常因为钱而感到困扰的一个人。尽管从早到晚都很努力地工作了,但还是完全存不下钱。就算有钱了,也全都花掉了。

于是,存款为0。

我过着每天哀叹"为什么会没钱呢"的生活。

有一天,我突然注意到了:

我只是关注了"没钱"这件事,却完全没有注意金钱的"通道"。

没钱这一事实只不过是结果而已。引发结果的是原因。我在思考原因时察觉到:我并没有重视获取和消费金钱的过程,即金钱的通道。

我感觉这样下去是不对的。

某一天,我丈夫的公司突然破产倒闭了。

得知消息的那一瞬间,我的脑海中袭来的全是对房贷、车贷、信用卡账单、保险、孩子的学费、通信费等当月所有需支付费用的恐惧。

我当时由于育儿压力和工作过度劳累得了梅尼埃病，原本计划三个月后从公司辞职。结果，我抱着孩子迎来了夫妇一同失业的现实。当时的我身心俱疲，感觉未来一片黑暗。

但即使在黑暗中，为了找到那微弱的希望，我开始关注金钱流动的通道。

"乱七八糟的钱包"和"搞不清余额的银行卡"

于是，首先映入我眼帘的是"钱包"。

人们每天都会用钱包来管理钱的出入。但是，我那时完全不了解我的钱包里放了多少钱、放了什么卡。

我把钱包里的东西全部倒出来一看才发现，积分卡的数量远多于现金的张数，而且这些积分卡几乎都是没有兑现过的。在狭窄且乱七八糟的钱包里，现金仿佛被埋在了积分卡堆积成的小山下，简直是陷入无法呼吸的痛苦状态。

我觉得"这可没法说是珍惜金钱了……"，于是决定将之前毫无章法地乱放的现金，从前向后按照 10000、5000、1000 面值的顺序摆放。

序章　金钱的流动有通道

将10000面值的日元放在最前面，是为了"一打开钱包，总是能看到1万日元"。看到的不是1000日元，而是10000日元，由此让自己更能感觉到金钱的恩惠，努力自然而然地减少浪费钱的行为。

对于积分卡，我也是严格地只选择曾经兑现过的。我确定各种卡放置的位置，用过之后一定放回原位。

我把所有的收据都扔掉了，比起已经花过的钱的历史记录，我更看重金钱未来流动的方向。

接下来，我注意到的是"银行卡"。

当时的我总共拥有8张银行卡，包括从孩童时代开始存压岁钱的银行卡、学生时代使用过的外汇存款银行卡、上班后开始使用的主要银行的银行卡（在日本，企业会与众多金融机构中的一家银行建立最紧密的合作，此银行就成为该企业的主要银行，企业通过该银行为员工发放工资及奖金）、支付保险费用时使用的邮局银行卡等等。

这些几乎都好几年没用过了，也就是所谓的休眠账户。

我当时连每个账户的余额是多少都不清楚，更不可能了解钱都在哪里。

于是，我决定只使用一张银行卡，通过这张银行卡就

19

能明白所有的收入、支出记录了。

就这样，在那之前无数次挑战记事本都失败的我，只靠这张银行卡，之后再也不需要使用记事本了。

这样一来，我开始整理迄今为止没有留意到的钱包和银行卡，并且产生了这样的想法：

"也许，我不是没有钱，而是钱散落得到处都是，我只是没有发现而已。"

如同人们收拾过杂乱无章的房间后居住心情会变好、好运也会来一样，如果我们把与金钱相关的地方也能整理好，福气不也就能自然而然地降临了吗？

乱七八糟的钱包。

好几张银行卡。

将金钱流经的通道整理干净。那样就能减少浪费钱的行为，也能存下钱来。

我整理的不是"没有"钱的地方，而是金钱"存在""流通"的地方，即钱包、银行卡、冰箱、记事本、负债、家居环境以及另一半等。这么做就能明白哪里有问题、如何改善，以便可以存下钱来。通过整理一个个和金钱相关的地方，我也产生了只要去做就能做成的自信。

这样做的结果就是，三个月之后，我再也没有了关于金钱的任何不安，连我自己都很惊讶。

整理通道后获得了 800 万日元

我因为转眼间就消除了对金钱的不安，便开始考虑让朋友们试试"整理金钱"。

首先是八个朋友之间开始相互汇报今天使用钱包、冰箱、借款的情况。"今天没有打开过钱包""刚才在银行咨询了贷款"等，大家在 LINE APP（类似于微信的一种即时通信应用软件）上相互告知当天各自的行动。另外，大家也会将自己的成果拍成照片相互分享："我们家今天把冰箱里剩下的蔬菜都吃光了！""我今天整理了衣柜里的西装！"

有时，朋友们会佩服别人出色的整理能力，有时会因为自己做得不好而失落，即使那样，大家还是相互鼓励着继续热情地"整理金钱的通道"。

甚至在已经开始的"女性创业支援"课上，我也开始传播"赚钱重要，金钱的整理更重要"这一理念。要开始自己的事业和开办工作室是需要资金的。有很多人虽然尝试创业，但很不擅长处理资金的问题。

我觉得任何问题都可以通过整理金钱的通道得到改善。

就这样，我开始接受关于金钱的咨询，目的是让众多女性朋友了解"金钱整理"的重要性。连同创业咨询，迄今为止已经有大约3500人来向我咨询了。

而且，说起找我咨询的人们的整理成果，那可是相当成功的。

拥有15年全职主妇经历的松本绫香太太（化名），每月都陷入只是支付必要经费钱就会被花光的窘境。

她所整理的金钱通道是"银行卡"。在那之前，他们夫妻俩一共拥有多达13张银行卡。松本太太虽然以前完全不会理财和存钱，但仅仅是通过整理"银行卡"，一年就成功拥有了23万日元的储蓄。

夫妻是双职工、以做饭为兴趣的藤本圣子太太（化名）的问题在于"冰箱"。她将自己做的酱汁和果酱放到冰箱里保存，没有标注保质期的瓶子甚至有20个。

另外，藤本太太做饭的量也很大，剩菜搁了几天后就被扔到垃圾箱。因此，我让她整理了冰箱和每天买的东西。

这样一来，她一年的存款也达到了 18 万日元。

打零工的加纳理香太太（化名），负债成了她金钱通道散乱的原因。加纳太太家 10 年前从银行申请的房贷还有 2500 万日元未还，而她对于利息却一无所知。但是通过和我的交流，她成功地实现了"借钱还贷"。贷款总额居然减少了 800 多万日元！

之前不知多少次挑战用记事本记账失败的人，通过关注放钱的钱包、放银行卡的抽屉、去购物的次数、冰箱的内部，就自然地开始有钱。

那么，她们是怎样做整理的呢？就请让我从本书的第一章开始详细地为大家介绍吧！

整理金钱后会发生的三个戏剧性变化

如果各位能够读完本书，可以体会到三个令你开心的变化。

变化一：可以轻松地管理金钱

就算是无法坚持记账、讨厌节约、不擅长数字的人，也可以通过整理金钱的通道搞清楚何时收入了多少钱、消费了多少钱。

为了保持理想状态，你可以制定简单的规则，不再因为金钱产生各种各样的烦恼。从被账单赶着还款、"没钱"的压力状态，变成可以随自己所愿地消费，体会到"有钱"的喜悦。

变化二：不再乱花钱

通过整理钱包和银行卡，你能够获得辨别必要支出与非必要支出的能力。像是超出所需而过量购买的食材、由于不具备相关知识而过多支付的房贷利息、受商场打折信息影响而支出的西装钱、毫无计划地给孩子的零花钱……我们可以停止这些"不自主"的消费，让支出变得更加可控。

变化三：能够开始存钱

你可以将流向不需要的东西的金钱以存款的形式储存下来。这样既可以切实感受到钱包里有钱，又可以肉眼可见地感受到银行卡上每月的存款。本书也会介绍很多像

"一年减少18万日元的伙食费""成功减少总额800万日元的房贷"这样的案例。

掌握了储蓄这一力量，你会拥有更多人生选择，也会获得自由。你会对各种事情产生好奇，浑身充满了能量。相信你一定会乐意享受每一天的生活，对未来也充满了自信！

欢欣雀跃地前进吧！

你不是没有钱，只是钱散落在各处，你没有看到而已。你之所以觉得没钱，是因为金钱的通道上有很多不需要的东西。只要将通道整理干净，金钱的能量就能流动起来了。

也许有人会说："不是不是，我们家真的没有钱啊。"

这也没关系。随着你往下阅读本书，你应该会察觉到你迄今为止没有注意到的潜意识中的自己。你应该会切实感受到自己不是"没钱"，而是"有钱""钱可以生钱"。

整理金钱的通道是一件非常快乐的事情。因为它可以让你产生各种各样喜人的变化！

不需要面对数字。

只是将通道整理干净即可。

请带着你自己即将产生的力量，欢欣雀跃地前进吧！

我希望各位整理的金钱通道一共有七个。我会介绍具体的整理方法。本书的目的是希望你能够采取行动。在你产生对金钱的不安时，我希望你能够打开这本书，好好回想一下自己的习惯和意识。

我希望你能够采取改变自己的行动。哪怕只是采取一个行动，你的人生也会实实在在地发生改变。那么，接下来就让我们开始改变你人生的金钱整理计划吧！

目录

01 整理钱包
钱包是你内心的镜子

"今天"的钱包创造"未来"的存款	002
厚厚的钱包里都装了什么东西？	004
钱包里只装 5 张卡！	007
钱包成了危险场所？！	019
钱包变乱的信号	021
小额钞票放在前面，钱会逃走	023
不要轻视零钱	026
在钱包里定好放置卡片和现金的专属位置	029
吉田太太发生的变化	031

02 整理银行卡
建立"一人一张"的简单规则

从衣柜翻出 13 张银行卡！　　　　　　　　036
银行卡管理的 7 大规则　　　　　　　　　039
松本太太发生的变化　　　　　　　　　　054

03 整理冰箱
通过"一周购物清单"减少伙食费

大大节省伙食费的方法　　　　　　　　　058
伙食费自然减少的 5 个步骤　　　　　　　060
藤本太太发生的变化　　　　　　　　　　072

04 整理记事本
通过"记录三项"开始储蓄

"用记事本记账也存不下钱"	076
通过"记录三项"整理记事本	080
记录"取钱日"	087
记录每月的"特殊消费预算"	088
齐藤太太发生的变化	089

05 整理负债
"七天内"一口气整理干净

每月被扣掉的各种费用	094
整理"看不见的消费"	097
折磨你的"利息"的真面目	099
跨越负债的"两大壁垒"	101
房贷的利息一旦确定后就一辈子不变了吗？	105

你的贷款余额是多少？　　　　　　　　　　　107

因"借钱还贷"获益的人和受损的人　　　　　109

和银行谈判的高明方法　　　　　　　　　　112

现在请立刻停止"分期定额付款"　　　　　　115

"保险"也成了借款？！　　　　　　　　　　117

曾经免费的通信费不知不觉变成付费的了……　120

加纳太太发生的变化　　　　　　　　　　　　122

06 整理家居
迎钱入家门的三大法则

如果房间凌乱，钱就会逃走　　　　　　　　126

掌握三大法则，就能打造聚财的家　　　　　128

逛商场时，你心里会产生什么想法？　　　　141

不用节约也可减少"电费燃气费"的方法　　　143

佐藤太太发生的变化　　　　　　　　　　　146

07 整理另一半
他花钱的原因是什么呢？

老公竟然给了那么多份子钱？！　　　　　　　150
老公总是随意买东西回来……　　　　　　　152
想要通过金钱获取的价值因人而异　　　　　　154
对你开始存钱的几句赠言　　　　　　　　　　158
田边太太发生的变化　　　　　　　　　　　　160

后　记　　　　　　　　　　　　　　　　　162

01

整理钱包
钱包是你内心的镜子

"今天"的钱包创造"未来"的存款

　　金钱的通道中最容易散财的,是我们每天用于存取现金的"钱包"。

　　我们一开始就应该整理的地方就是钱包。因为它的存在如同一面镜子,反映着人们使用金钱的方式。

　　如果一个人的钱包里面乱七八糟,那么他也容易乱用零钱或者银行卡,不知不觉中就会重复着说:"嗨,就这样吧。"所以他就会乱花钱。以前的我就是这样。

　　相反,如果一个人的钱包被整理得很简单明了,那么他会很珍惜钱。而且,这样的人也会很讲究地使用零钱和银行卡,过着只买真正必需品的简约生活。

01 整理钱包

或许有的人会觉得这是理所当然的事情。

但是知道归知道,真正能够将钱包整理得简单清爽的人出乎意料地少。请你试着想想自己的钱包里是什么样子。

你能立刻说出钱包里放了多少现金吗?

你能回答出你所拥有的积分卡的数量以及相应商家的名字吗?

你的钱包里是不是装了很多杂七杂八的小票?

如果不能很好地回答上述问题的话,就请立刻整理钱包吧。仅仅这样做,就可以减少开支,开始存钱了。

今天吃的食物会对几年后自己的身体产生影响,同样,今天使用钱包的方式会对几年后自己的经济状况产生影响。

厚厚的钱包里都装了什么东西？

那么我们就开始动手整理钱包吧。

我在进行关于金钱的咨询时，首先会问下面这个问题：

"能让我看看您的钱包吗？"

这样一问，几乎所有人都会很紧张。有这样的反应也很正常嘛，毕竟人们会觉得让别人看自己的钱包是一件很不好意思的事情。

结果大家一边苦笑着，一边把钱包从包里拿出来。

"钱包里没有钱……"

"钱包都用了好几年了，挺脏的……"

"钱包里放了不少收据，挺乱的……"

我得到的尽是这种消极负面的答复。

虽然也有人会笑着说"我前不久刚换了钱包，还挺干净的呢"，但大多数人还是低着头，一边叹着气，一边把钱包拿出来。

吉田惠（化名）女士是一位全职太太，她的两个孩子在上小学。她从包里拿出来的是一个装得满满当当的钱包。

居然有8厘米厚！

打开这钱包，首先映入眼帘的是一摞以积分卡为主的各类卡片。实际上有3摞。可不是3张哦，是3摞！每摞差不多有20张左右。因为无法集中放在一起，3摞卡片各自占据着钱包里不同的位置。

我惊呆了。她在拿出钱包的时候说的是"我可没钱哦……"，而不是"我有很多卡……"。

看样子，她并没有意识到自己有那么多张卡。

于是我说："能请您把钱包里所有的东西都拿出来吗？"吉田太太把她钱包里的东西全部取出，摊开在桌子上。

结果她这才第一次被自己大量的卡片所惊到："我有这么多卡吗？"

6张超市的打折券，2张书卡，4张信用卡，2张现金卡（类似于中国借记卡的银行卡，但不可用于网络购物），医保卡下面有8张医院的检查券，4张体育用品店打折券，32张超市的积分卡，孩子送的折纸御守，开市客（Costco）超市会员卡下面压着一家美容脱毛沙龙的会员卡，需要交年费的手工艺品店的会员卡……

装在钱包里的卡片总共居然有64张。吉田太太无论去哪里都随身携带着这64张卡。

在这种情况下，她别说要选择"应该带哪张卡""哪张卡更划算"了，就连钱包里装了多少张卡都很难记清楚。

这正是"金钱的通道杂乱无章"的状态了。

无序、凌乱的钱包，就是在浪费金钱和时间的能量。一打开钱包发现没有现金，她就慌忙地跑向取款机；尽管是4倍积分日，她却找不到关键的卡。吉田太太还会因为钱包里的现金很少而垂头丧气。

虽然看起来上面提到的这些都是小问题，但日常的小混乱就是最终导致发生大问题的根本原因。

实际上，吉田太太别说存钱了，在那之前他们家一直过的是每月赤字的家庭经济生活。这样的情况就必须要做整理了。

钱包里只装5张卡!

我请吉田太太将她钱包里的东西都拿出来,以极限简约为目标,将所有卡按照下面的方式分成5类,并指定每类卡可保留的张数。

信用卡:1张

积分卡:3张

优惠券:0张

现金卡:0张

证件类:驾照等1张

将现有的60多张卡缩减成只有5张放进钱包,而且不包括现金卡。对于吉田太太而言,钱包里不放现金卡这件事,以前她想都不敢想。

但是,在我对这5种卡的分类方式一一做了如下说明之后，她理解并接受了我的建议，转眼间就整理完了钱包。

接下来就让我为大家逐一说明吧。

钱包里只装 1 张信用卡

我如果说"钱包里只放 1 张信用卡吧"，人们基本上都会回答道："诶，那不可能啊！"吉田太太当时也是这样。

最近在办理商店的积分卡时，大家也会经常被商家推荐，对吧？在银行开户时也会被银行推荐申请信用卡账户。

如果你因为不断地想要积分而申请了信用卡，你的钱包里理所当然地就出现三四张信用卡了。

你无意间申请办信用卡，办的卡数越多风险越大，甚至能获得的奖品也会减少。

让我们从"积分"与"信用"两个维度来看看为什么吧。

首先是"积分"。

我先从结论来讲，我们应该只选择办理一张使用频率高的公司的信用卡，这样才能够更加有效地积累积分。

以日本的情况举例说明：经常网购的人，建议选择乐天卡或者亚马孙卡等互联网系信用卡；经常使用公共交通出行、旅游的人，建议选择View卡（东日本旅客铁道公司旗下子公司发行的一种信用卡）或者ANA卡（全日空航空发行的一种信用卡）这种移动系信用卡；经常买食品或者日用品的人，建议选择永旺卡（永旺是日本著名零售集团公司）或者Seven卡（日本大型零售、流通事业控股公司旗下子公司发行的一种信用卡）这种食品系信用卡。

虽然信用卡不同，但积分的基本设计规则都是越频繁去该卡发行公司的店面使用，积攒的积分越多，而且可以用攒下来的积分兑换该公司的商品或者服务。

下面以消费1张100日元可换1日元积分的乐天卡为例说明。

假如你一个月的伙食费为5万日元的话，一年下来就是60万日元。使用乐天卡的话，一年可以积攒6000日元的积分。

我们可以在网上的乐天市场统一购买日用品。1个月的日用品费用如果是1万日元，1年下来就是12万日元。如果在乐天市场上使用乐天卡，因为100日元可以换2日元的积分，所以光买日用品我们就可以积攒下2400日元的积分。

除此之外，如果我们用乐天卡支付每月2万日元的电费燃气费、2.5万日元的通信费（含手机话费）、2万日元的保险费、1万日元的汽油费，每年90万日元的消费可以积累9000日元的积分。

这样一来，靠食品、日用品、电费燃气费等消费积攒的积分共计可达17400日元。

仅仅是依靠集中使用一张信用卡，就可以自动攒下这么多钱呢。

另外，我的朋友中有一对拥有ANA卡的夫妇，每年光凭借积攒的积分就可以去关岛旅游了。

积攒下来的积分请不要随意使用，带有目的地使用会让你获得的喜悦更大。

此外，我建议集中使用1张信用卡的另一个理由是"信用"。

请问你知道信用卡延期还款的话，该信息会被记录在征信系统吗？当你想要从银行申请房贷或者想要分期贷款购买汽车、手机时，银行会向征信系统确认调查你是不是一个可以信任的人。

过去有过延期还款记录的人会遇到无法贷款的情况。实际上，很多人无法通过房贷申请审核都是因为延期还信用卡导致的。

如果你拥有好几张信用卡，就不容易掌握每张卡需要还多少钱，不容易记清花出去多少钱，也容易引发由于余额不足而导致延期还款的失误。为了不发生这种情况，我觉得只使用1张信用卡才是明智之举。

况且，还有很多信用卡开卡第一年免费，第二年开始就需要付年费。

所以，我建议尽快注销不常用的信用卡。

钱包里只装3张积分卡

请问你的钱包里有几张商家的积分卡呢？

最近，不仅仅是食品店，像是药妆店、家电专卖店、便利店、美容院这些商家都会有积分卡。多家店铺通用的积分卡也是逐年增多，估计每次都会有人被商家催促办新卡，对吧？

但是请先稍微等等。商家推荐你办卡的目的其实是希望你反复去它那里消费，并且探知你的购物习惯。"因为有积分卡所以才去嘛……"如果你抱着随便的心态去了其实没必要去的店，在那里用了积分还好，但实际上，你在购物频率低的店面也攒不了多少积分。

人们手里的积分卡越多，要去的店就越多。但是人们在每个店其实是攒不了多少积分的。

这样一来就会产生很多浪费。

之前提及的吉田太太就是这样，拥有太多的积分卡，没有固定购物的店，每次都去不一样的地点购物。

结果她手上几乎都是没有兑现过一次的卡。由于购物地点分散，自然而然地，积分积攒的方式也很分散，不知不觉中积分就过期了。

为了斩断这个恶性循环，我们就要重视整理钱包，缩减积分卡的张数。

那么，怎样才能把积分卡数量缩减至3张呢？

首先，我们需要把钱包中所有的积分卡取出来，只选出过去"1年之内"兑现过积分或者兑换过商品的卡，接着从中选出使用频率最高的3张。

选择"1年之内"的理由是大多数商家的积分卡都是一

年有效期。印象中1年内都没有使用过这张卡的话，就说明这是一张没有必要存在的积分卡。

选择"3张"卡的理由是，如果只挑1张或者2张积分卡，可能不够完全应对各种场景；反之，如果选择4张以上积分卡，积分太分散就无法获益了。

过去钱包被积分卡撑得鼓鼓囊囊的吉田太太最喜欢购物。这其实不是什么坏事，但问题在于她购物没有规划。

吉田太太仅在购物的当天就要按购物需求去好几个超市。她也不确定周几购物，所以经常是随着当时的心情就买了巧克力和薯片。

她虽然办了几乎所有超市的积分卡，但是每张卡都没怎么攒下积分。

跟她相反，我的一个朋友，每周在A超市买一次食品，每月在B药妆店的5倍积分日当天买一次日用品，有计划地决定分开买。

一年下来，她竟然攒下了15000日元的积分。靠那些积分她就换购了自己喜欢的化妆品。

请你打开钱包，选出真正使用频率高的3家店的积分卡，扔掉剩余的所有卡。这样一来，钱包就变得干净利索了。筛选购物店铺，可以让购物变得有计划，减少浪费。当然，积分也能够有效地积攒下来了。

不论是信用卡还是商家的积分卡，我都建议只持有经常使用的卡。不是说为了攒积分去花钱，而是先决定花钱的场所，再在此基础上去获取积分这一优惠。

重要的是在哪里花钱，在哪里使用能量。仅仅是在钱包里放入真正要用的卡，就能将金钱的通道整理干净。

钱包里不装优惠券

不建议在钱包里装优惠券的理由，我估计通过前面的积分卡相关内容，你应该已经可以猜出来了吧。

是的，如果有优惠券的话，你就会想去那家店，增加不必要的支出。

去了本来不用去的店，买了不需要的东西，导致这些行为发生的开关就是优惠券。这就属于看似获益、实际大大受损的行为。请你现在立刻扔掉所有优惠券吧！

钱包里不装现金卡

接下来让我们聊聊现金卡。

我一说"出门不要带现金卡",大家都非常震惊。这也难怪,毕竟一般人钱包里大概率都会放上一两张现金卡。

一问为什么要带现金卡,大家基本上都答复说是怕现金不够,以防万一所以带上。

但是,这种"以防万一"的念头是会妨碍财富增长的能量的。

人是一种意志薄弱的生物。因此,一想到"以防万一",人们总是认可自己"取钱"这个行为。

靠着"没钱的话当然要取"这个念头,养成随意去取款机取钱习惯的人不在乎钱包里有多少钱,这样就会导致没有计划,增加不必要的支出。即使想着"剩下的钱就存起来吧",结果也不会剩下钱。

可不能小看一年的取款手续费啊。在日本,银行营业额的大概5%都是手续费收入。

请你试着将银行卡上写的手续费按年计算看看。在日本,取款1次手续费是108日元,如果每月取款5次,一年光取款手续费就要花掉6480日元。

我建议不要在钱包里放银行的现金卡，每月只是按照工资发放日在规定的日子里取钱。

如果能养成不随意取钱的习惯，你自然而然就会留意钱包里的现金情况，也不会因为没钱就感到慌乱。

现金卡只是在每月规定的日子里使用，其余时间保管在家里。仅仅是这么做，相信你对于金钱的意识就会发生戏剧性的变化。"存款增长"就是这种小变化积累而来的结果。

钱包里只装1张证件

我建议钱包里证件类的卡只放1张驾照。医保卡或就诊卡、书卡等都保管在自己家里，只在必要的时候带出来。

如果将和钱无关的证件都漫无目的地放进钱包里，那么这些证件在钱包里就只是单纯地乱放。结果是你很难正视金钱，金钱的通道也会变得乱七八糟。

正如前面所述，待在乱七八糟的房间里，人的气场会乱掉，钱包里乱七八糟，财富也会散掉。

没有必要为了所谓的万一而随时带着这些证件。医保卡或就诊卡只在去医院时带上不就好了吗？只要不是对健康有担忧，就不用抱着所谓的"万一外出时身体出问题"这种不安了。

钱包里不装小票

到此为止，我们看了关于卡的问题，但吉田太太的钱包之所以鼓鼓囊囊，还在于她钱包里装满了小票。

房间凌乱时，我们就会无意间受到凌乱状态的不良影响。同样，塞满小票的钱包很可能让我们从心底产生"钱包脏乱＝没有钱"的想法。伴随着每次的唉声叹气，金钱就会吸入负面情绪，导致人们丧失干劲。

更严重的是，在一堆小票中夹杂着现金，这导致我们连钱包里有多少现金都不知道，也就不可能有计划性地花钱了。

如果你购物时收到小票，要么请当场扔掉，要么放进不是钱包的容器里。也可以使用票夹或者卡包放小票。

等你回到家后,就把小票扔进垃圾桶里。也请将"回头找时间把花费记在记事本上"这个想法连同小票一起抛掉。

钱包成了危险场所？！

我跟大家一说"钱包里请一定要放1万日元以上的现金"，很多人听后都会答道："钱包里一放现金就会立刻被花掉的，所以可不能放现金。"吉田太太也不例外。

但是，实际上这种想法是有问题的。

人们之所以会产生"钱包里不能放现金"这个想法，是因为觉得"放了现金就会立刻花掉"，感觉钱包里的现金一到手里就会被花掉。所以大家都不想在钱包里放现金。

也就是说，人们脑中有一种"钱包＝危险场所"的观念。

这样就像是在钱包里放入了一种叫作"钱会花光"的不安。

充满了不安的钱包,是无法充满金钱能量的。

因此,我希望大家的钱包里任何时候都能够有 1 万日元以上的现金。这样,你会习惯钱包一直有钱的状态,想法就不再是"钱包＝危险场所",而变成"钱包＝安全场所"了。

钱包变乱的信号

也许你会觉得，就算这么说，我感觉还是会立刻把钱花掉……那我告诉你一个好办法。

请将一张10000日元面值的纸币折3折，把它放进钱包卡位中最容易看得见的位置里。这叫作"不能花的现金"。把它和"可以花的现金"分开放置。

这张"折了3折的10000日元"一定要一直保存在钱包里，这样就可以让钱包一直处于"有钱"的状态了。

万一出现了不得不花掉这张折了3折的10000日元面值的状况，这就是钱包变乱的信号了。

这样看来，大家很有必要重新审视一下钱包里面的小票和卡是否有乱放的情况，金钱的使用通道是否乱套。而折3折的10000日元面值的纸币就成了告诉我们钱包是否整齐的"守护神"。

另外，每个月去银行取钱时，都要把放在钱包卡位里折 3 折的这张 10000 日元面值的纸币替换一下。

金钱讨厌漫无目的地停留在同一个地方。

因为这样一来能量循环就停滞了。

我们不可以让金钱的通道出现停滞。

保持金钱顺畅流通的意识是很重要的。

就算有守护神一般的 10000 日元面值的纸币，也请每个月对它说一次"谢谢了"，然后换上一张新的纸币。

小额钞票放在前面，钱会逃走

吉田太太习惯将钱包里的纸币朝向同一个方向。另外她还习惯将1000日元面值的放在最前面，然后按照5000日元面值、10000日元面值的顺序排列。这是因为吉田太太经常使用1000日元面值的纸币，所以她将其放在最前面。

但是我跟她说的是："最前面不要放1000日元面值的，要放10000日元面值的纸币。"

有一种说法叫作"换零钱"，意思就是"将大额钞票换成小额零钱"。这种"换出来的零钱"，会令人倾向于随意花掉。

1000日元面值的纸币就是10000日元和5000日元面值的纸币"换出来的"零钱。硬币就是1000日元面值的纸币"换出来的"。就这样，人们不断地换得零钱，不知不觉就会随便乱花钱了。

比起花 10000 日元，人们对花 1000 日元是毫无抵抗力的。因为把 1000 日元面值的纸币放在最前面，人的大脑里就会跳出"钱是用来花的"这个念头，即使遇到必要性不高的东西，也可能花钱将其买下来。

因此，我们应该把 1000 日元面值的纸币放在 10000 日元面值的纸币后面，我们需要守护好 1000 日元。

比如说你从银行取出 4 万日元时，首先将作为"守护神"的一张 10000 日元面值的纸币折三折放入放卡片的位置，将可以消费的 3 万日元放入放现金的位置。

之后如果你用 10000 日元面值的纸币买了 1000 日元的东西，这样一来你就会得到 9000 日元的找零，包括 1 张 5000 日元、4 张 1000 日元面值的纸币。此时，将 5000 日元面值的纸币放在 10000 日元面值的纸币的后面，1000 日元面值的纸币放在 5000 日元面值的纸币后面，如此"守护"起来。

当你打开钱包时，比起一上来看到 1000 日元面值的纸币，看到最前面的 10000 日元面值的纸币，会让你更想要靠自制力来控制花钱。

当你花钱时，要从藏在10000日元面值的纸币后面的1000日元面值的纸币开始花。

为了不在"总觉得想要的东西"上过度花钱，请你试着改变一下放纸币的顺序。仅仅是这个调整，就会产生戏剧性的变化。

不要轻视零钱

说完纸币，让我们来看看零钱。在这里，零钱指的是晃动钱包时会碰撞在一起发出叮叮当当声音的硬币。与纸币带有安静的威严感相反，硬币是钱包里象征着快乐的存在。

当人们打算进行购物结算却在收银台被告知"共计324日元"时，大家会一边想着"零钱可能够"，一边翻找着100日元、10日元以及1日元的硬币。零钱就象征着凑出324日元的喜悦感。

或许会有人觉得"这种小事至于吗……"，但是我希望你能够珍惜这种小小的喜悦。

就像前面提到的，越零碎的钱越容易被花掉。硬币更是如此。

在商店结账时掏出1000日元面值的纸币，收到找零的硬币。这样更容易让人轻视钱的价值。因为在思考钱包里还有多少钱时，很多人只会留意纸币，而不会去计算硬币。

另外，也有一些人在商店结账时会以"不想让后面排队的人久等"为由不用硬币支付，改为使用纸币结算。

但是支付现金的时间其实是和店员一边交流、一边交换物品和金钱能量的重要时刻。请不要那么着急，请以悠闲的心情在支付硬币的同时，去感谢这个时刻。

想要存钱，重点就是尽量不要将大额纸币变为零钱。

请千万不要轻视硬币。

日本纳税额第一的实业家斋藤一人先生说过这么一句话："只有珍惜1块钱硬币的人，才会被百元大钞眷顾。"

意思就是1日元硬币的"父亲"是5日元硬币，5日元硬币的"父亲"是10日元硬币，再往上是50日元、100日元、1000日元、5000日元、10000日元。所以，这些"父亲"们会聚集在一起，一大家子来问候那些珍惜1块钱硬币的人们。

也就是说,金钱会聚集到重视硬币的人身边。因此,请你不要想着"找零钱太麻烦了!"就把手伸向纸币,而应该想着"有没有零钱呢",去翻找出硬币进行支付。找到硬币了也要说一句"谢谢"。就这样养成类似的小习惯,渐渐地,大量的金钱就会被吸引到你身边。

在钱包里定好放置卡片和现金的专属位置

整理钱包是极其重要的事情。最后让我们再复习一遍。

先筛选出5张必需的卡片，然后把纸币按照面值大小排好顺序放入钱包。这时的重点是在钱包里定好放置卡片和现金的专属位置。

所有物品都需要有指定的摆放位置。请你想象一下整理房间的时候，如果所有东西都有明确指定的摆放位置，只需要在使用后将其放回原位即可。这样做就可以一直让家保持住整理后的状态了。

金钱也是一样的。在你的钱包里规定好现金和卡的专属位置，并养成取出后放回原位的习惯。所以，指定位置基本上是依据使用后归位的方便程度确定的。

使用频率最高的卡在钱包里要放在最方便取出来的位置。相反，使用频率低的卡要放在不容易取出来的位置。

再说现金，"不能花的10000日元面值的纸币"折3折放入卡位中容易被看见的位置，当成"守护神"。

用来花的纸币中，10000日元面值的放在最前面，中间放5000日元面值的，1000日元面值的放在最里面。10000日元面值的纸币上印的人头像要朝向自己这边。

每月在规定的日子里去银行取钱，按照这个顺序将钱放入钱包，从1000日元面值的纸币开始使用。

请对所有的硬币报以敬意，哪怕是着急的时候也要带着谢意去花掉它。尽可能地先用刚好金额的零钱去付款。

这样一来，确定好钱包里的规矩，现金纸币、零钱硬币、卡片总是能够保持在稳定的状态里。

吉田太太
发生的变化

就这样,吉田太太从64张卡中筛选出5张卡,确定好卡和现金存放的指定位置。她的钱包从曾经的8厘米厚,成功"瘦身"成只有2厘米厚了。

钱包里只放1张信用卡后……

→ 可以攒下消费积分了。

→ 减少了延期还款的可能性,可以维持好个人信用了。

钱包只放3张积分卡后……

→ 可以在有效期内用积分兑换商品了。

钱包里不放现金卡之后……

→ 一年间花费的取款手续费可以存下来了。

只放 1 张证件后……

→ 增强了她"钱包是用来放钱的地方"这一意识。

不放小票后……

→ 钱包里面总能保持干净整洁。

钱包的卡位里放入折 3 折的 10000 日元面值的纸币后……

→ 钱包里一直能维持有钱的状态。

→ 能够察觉到乱花钱变多时的信号。

将 10000 日元面值的纸币放在最前面后……

→ 提高了花钱的自制力,减少了不必要的消费。

用刚刚好的零钱付款后……

→ 花光硬币会变成一件开心的事情。更加珍惜零钱了。

就这样,整理过钱包后的吉田太太,过了一阵子之后跟我这么说道:"我的钱包现在依旧还能维持整洁的状态!这种状态让我感觉很清爽、安心。"

就是这样的。就像收拾好乱七八糟的房间会让人心态变得从容、行动也会变得踏实一样,收拾好乱七八糟的钱包会让人心态变得从容,花钱方式也变得稳定。

钱包是我们内心的镜子。

整理了作为金钱流经通道的钱包,我们花钱的心态也会变得踏实。留意钱包里拥有的钱,思考使用金钱的方式,我们就可以按照自己所想的去调整消费方式。

整理身体,可以让身体充满朝气的能量。
整理房间,可以让房间充满气场的能量。
整理钱包,可以让钱包充满金钱的能量。

如果你觉得"我也能做到这些",请不要低估这个想法。这正是在你内心深处发生变化的证据。

重新审视自己和金钱的关系,会让你产生想让自己的人生更加丰富多彩的心情。

那么，请你将钱包里的所有东西都取出来，筛选出必要的卡，决定现金的放置方式。一旦你决定要做，一个小时就能把钱包整理得很干净。

一开始不需要迈出很大的一步，迈出一小步就可以了。

首先，就从整理钱包开始翻转你的人生吧！

02

整理银行卡
建立"一人一张"的简单规则

从衣柜翻出 13 张银行卡[1]！

整理好钱包之后，接下来需要整理的金钱通道是"银行卡"。

松本绫香太太（化名）很苦恼的是："每个月光是支付必需经费就很不容易了，根本没有能攒下来的钱。"

在收到松本太太关于家庭开销的咨询而去拜访她家时，我这么问道："您家有几张银行卡呢？"

结果她说："2 张……不对，可能是 3 张……"

我又问道："那么，除此以外有完全没用过的银行卡吗？"

她回答道："还挺多的……"

---

[1] 日文原书为存折，如今中国大陆使用银行卡的情况更加普遍，因此改为银行卡。——编者注

02　整理银行卡

就这样，松本太太将家里的所有银行卡都翻了出来，凑起来数了数，夫妻俩的银行卡居然一共有 13 张！

完全没有用过的银行卡的"存在"都没有被他们意识到，就这样在衣柜深处沉睡着。

银行卡增多的理由各种各样：结婚了，换公司了，搬家了……人生进入不同阶段，就可能会办一个新的银行卡，这种情况比较多见。

但是，从结论来讲，理想情况是一个人一张银行卡。

只保留一张，把剩余不用的卡全部销户。

一听我这么说，估计会有人认为："这样不行啊，我有工资卡账户，也有用作生活支出的账户。因为全都在用，所以不可能只用一张银行卡。"那么请大家试想一下下面的问题：

- 用那家银行的理由是什么？
- 办理几张银行卡的理由是什么？
- 没用过的银行卡是不是就那样搁置不用了？

如果你总是随意地选择银行，随意地开办银行卡，拥有休眠账户，请你好好地看清自己的目的，你需要从选择银行开始重新考虑了。

只是将自己的银行卡筛选成1张，金钱的增长方式就会完全改变。首先让我为大家解释一下理由以及筛选银行的方法吧。

松本太太家这13张银行卡中还在用的，丈夫有4张，她自己2张，共计6张。

丈夫的工资代发银行是让人有品牌信赖感的三井住友银行。其他的银行卡中有用来支付通信费的邮政银行、用于还信用卡的瑞穗银行、用于支付孩子学校餐费的湘南信用金库。

松本太太的银行卡有汇入工资的横滨银行、用来支付孩子幼儿园学费的邮政银行。

13张银行卡中完全没有用过的7张中，还有2张是在同一家银行的不同支行办理的。

夫妻俩处于这种状态，别说存钱了，就连在什么事上花多少钱都不好管理。

银行卡管理的7大规则

我告诉了松本太太关于银行卡管理的7大规则。

1. 选定常用的银行

2. 只用1张银行卡

3. 建立综合账户

4. 遇到困难时可以使用定期存款的借款

5. 注销所有"休眠账户"

6. 每月最多取两次钱

7. 把账户余额用铅笔圈出来

接下来我会向大家说明为什么需要执行这7大规则。

1. 选定常用的银行

首先是选定常用的银行，将银行卡精简到 1 张，其他的银行卡全部销户。

也许有人会觉得，将手里的 5 张甚至 7 张银行卡只精简成 1 张是不可能的！太麻烦了！

松本太太一开始也是这么认为的。

但如果我说只是这么做就能省下 330 万，你会如何做呢？

实际上，只是靠选定常用的银行，就有可能大幅度削减在贷款时产生的利息。

比如说，假设松本太太为了买房去申请房贷。

她拥有多个银行的账户，并没有常用的某一家银行。因此就会去房地产公司推荐的银行办房贷，对吧？这样，她办的房贷是年利率为 2.5%，3000 万日元，35 年期。

我有另一个朋友，她只用 1 张地方银行的银行卡进行金钱的收支管理。

她丈夫的工资也是汇入这个账户，支付管理费和定期

02　整理银行卡

存款也都是用同一张银行卡就解决问题了。而且，她还向该银行咨询全家的生活规划，进行保险以及投资等资产管理。这就是所谓的常用银行。

最近，这个朋友也开始申请房贷了。这家银行给出的房贷利率为2.3%，3000万日元，35年期。比松本太太的房贷利率低了0.2%。

我这位朋友懂得金融知识，知道房贷利率是可以谈判交涉的。而且更重要的是，她知道因为有常用银行，和该银行形成了长年的信任关系，更有利于利率谈判。

朋友就这样跟房贷的融资负责人进行了利率谈判。结果最后她的房贷利率从2.3%降到了2%。

一边是原封不动按照银行说的办理了房贷的松本太太，另一边是选择了利率低的地方银行，甚至成功将房贷利率通过谈判下调了0.3%的我朋友，大家认为两个人之后需要支付的钱差了多少？

正好差了330万日元。

等于每年节约了将近12万日元。

每月节省了9900日元。

也就是说，拥有多个城市的银行账户，且没有跟某个银行建立信赖关系的情况，和在地方银行拥有账户、和银行建立了两年以上信任关系的情况，在办银行贷款时产生的利率会有很大的不同。

让我们来聊一下如何选择常用银行。我比较推荐使用当地的地方银行或者信用金库（日本的信用合作社）。理由是，和城市银行相比，它们的便利之处是"容易通过贷款审查"。而且选择当地的地方银行或信用金库时可以从下面几点去考虑：

· 房贷利息低。
· 申请房贷时手续费（各项经费）便宜。
· 提前还款的手续费便宜。

顺便说一下，所谓的城市银行是指总部在大城市、全国有分行的银行，比如说瑞穗银行、三菱东京 UFJ 银行、三井住友银行、理索纳银行等，其中总资产排前三名的银行也被称作三大行。

另一方面，地方银行是指总部设在各省市、与地方业务更紧密的银行。信用金库是指在法律层面上虽然和银行不同，但是扎根于地方区域、为人们提供服务的金融机构。

请大家在申请贷款考虑这些好处的同时，选择自己更方便从家或者公司前往的银行。

重要的是，不要用多张银行卡毫无章法地管理金钱，而是要选定常用的银行，只用 1 张银行卡，与银行建立信任关系。不仅仅是夫妻，父母和子女也应该使用同一个银行，和银行建立长期的信任关系。

2. 只用 1 张银行卡

松本太太使用自己和丈夫的 6 张银行卡去管理家庭开支。我问她："请问您有没有忘记过或者有过延期帮您先生转账结算的情况？"

一听我这么问，松本太太难为情地点点头说："是的，有过……"紧接着，我又问："那您先生的信用卡还款和话费缴纳是不是也延期过？"果然她的回答是"是的"。

在钱包那一章中我也稍微提过，延期还信用卡会对她丈夫的个人征信造成不良影响。

结果会导致他们无法从银行贷款，不能申请房贷或者车贷。

如果将来她丈夫或者她自己想自主创业时，也是无法从银行借钱的。

松本太太用来还信用卡和充话费的账户与丈夫的工资账户不是同一个，因此丈夫的工资一到账，她就要将钱分别转到用于支付各项费用的不同账户上。

但是松本太太有时忙于孩子的事情无法去银行，或者一不小心把钱转到别的账户上，导致延期支付了好几次。我调查后发现，她丈夫的个人征信上已经被贴上了延期标签。

松本太太知道这一事实后非常震惊。

因为有好几张银行卡，不仅持续浪费精力和时间，甚至还让丈夫失去了良好信用。

只要建立起不费时间精力、不容易出错的机制，也就不会发生这种事情。而这些只需要"1张银行卡"就可以实现了。

3. 建立综合账户

如果你确定好了银行，并且决定只用 1 张银行卡，那么可以使用综合账户。这是一种集合了活期存款账户、定期存款账户和储蓄存款账户的很方便的银行卡，即一张银行卡上有 3 个账户。

存不下钱的人的第一个问题是，总想在花完钱之后再去掌握金钱的状态。

人们总是后悔："啊！这个月花了这么多钱。没有可以用来储蓄的钱了……""看了银行卡账单我都惊了。怎么花了这么多啊……"

这样，不管什么时候，你的钱都不会变多。

另一方面，能够存下钱来的人很重视金钱支付的顺序。

不是在支付完各项费用之后才将剩下的钱存起来，而是在钱到账之时，首先安排存款。在支付所有的费用前，先付钱给自己。

这个储蓄的地方就是综合账户里的定期存款账户。

所谓定期存款账户，是指比活期存款利息高、一旦存入在一定周期内就取不出来钱的账户。可以每个月将一定金额的钱从活期存款自动转为定期存款。这种方式叫作零存整取。

重点是将工资到账日的第二天设定为"存款日"。

这样一来，就能避免活期存款余额不足无法转存成定期存款，当月也不会发生由于过度消费导致无法存钱的情况了。

办理零存整取，既不用特意把钱汇到其他银行账户上，也能避免由于余额不足而无法汇款。

但是，我们同样需要知道定存相应的缺点是什么。定期存款的缺点就是当我们需要用钱时不能立刻取出来。

因此，我们也需要活用"储蓄存款账户"。

这是一种比活期存款利息略高、随时能够存取钱的账户，但是利息比定期存款利息要低。

在这个账户里，我们预先存入3个月的生活费。

假设1个月的生活费是20万日元，我们要在储蓄存款账户存入3个月的生活费60万日元。这么做，即使遇到生活费紧张或者急需用钱的情况，也可以不挪用定期存款。另外，有了3个月的生活费，就算遇到换工作或者创业的情形，我们也能安心地度过这3个月。

这个账户虽然不能作为支付电费、燃气费的账户，但是因为可以随时提现，所以万一遇到红白喜事或者突发疾病时也可以方便地使用。

如果想存钱，请首先从自动向储蓄存款账户里存入3个月的生活费开始吧。

这样区分使用定期存款账户和储蓄存款账户，规定自己给自己付钱的方式，我称为自我存款，指的是有目的地为了自己的成长发展而存钱。

而且，每隔3个月，要将"自我存款"的存款金额上调一次。比如说，最开始时每个月是15000日元的话，3个月之后追加该金额的20%，即3000日元，也就是每月存18000日元。6个月后，再追加最初金额的20%即3000日元，每月存入21000日元。这样1年后就可以存下234000日元[1]。

---

1 存款金额方面，有要求每月从1000日元起存的银行，也有要求从1万日元起存的银行。——译者注

增加存款金额也是让你学习重视金钱的机会。想要增加金钱，是需要建立这样的规则的。

遵守这个规则可以让你产生自信，切实感受到自己有钱，自己能赚到钱。

自我存款可以让你真实体会到有钱的感觉，开始感觉到自己未来的可能性。自由地拥有金钱，会让人觉得自己没有被束缚，可以自由选择自己的人生。

4. 遇到困难时可以使用定期存款的借款

一旦开始办理定期存款，就可以从银行申请低息借款了。这种被称为自动透支或者自动借款。

这种借款的年利率比我们存的定期存款的利息要高0.5%。假设定期存款的利率是0.025%，自动透支的利率就是0.525%。而且我们最多可以借到预先存入的定期存款的90%的金额。可借的最高金额因银行而异，一般为200万—500万日元。

打个比方说，假如我们事先存了200万日元的定期存款，不用解除这个定期也可以借到定存金额的90%，也就是 180 万日元、利率为 0.525% 的钱。

城市银行的银行卡贷款利率再低也有 4%—5%，信用卡的提现利率约为 18%（中国的信用卡提现利率也是 18% 左右）。我想这样大家就能明白这种自动透支的利息有多低了。

大伙都希望多留一些存款，好安心一些！但是，如果遇到需要立刻拿出一大笔钱的情况，比起使用利息高的信用卡兑现，使用定期存款的自动透支利息更低。

孩子的教育费、父母的看护费等，人们总会遇到一些计划外的支出，比如无论如何不得不换辆新车的状况，对吧？

那时候不用高息借款，只要用定期存款做担保就可以借到钱。这是只有存了钱的人才能得到的实惠。

5. 注销所有"休眠账户"

如果你在常用银行开设了综合账户，就请把不需要的银行账户都注销。虽然这说起来简单，但还是很不好操作的。不过没关系，注销账户比你想象中的要简单。

只需要带上银行卡和可以证明本人身份的东西去银行

窗口就行了。

有人说"去地方银行的交通费比银行卡上的余额都多……"。没问题，不用特意去，打电话让银行寄来销户资料，去现在用的银行办理销户手续就可以。

虽然有的银行销户需要1000日元左右的手续费，但权当是对迄今为止帮忙管理金钱的银行的感谢费，把手续办完吧。

另外，请问你知道"休眠账户"这个词吗？

所谓休眠账户，是指长时间没有存取钱的记录、银行无法联系到存款人的账户。

在日本，5年以上没有交易记录的账户就过了时效（信用金库是10年），从法律角度讲，银行可以不向账户拥有者支付账户余额。也就是说，我们自己的钱有可能就这样变成了银行的钱。

虽然这么说，但实际上，即使过了5年，几乎所有的银行还是会把钱退回来的。现在还没有银行会拒绝存款人重新启用账户的。

如果发现自己有休眠账户，就把它注销吧。

如果有许多银行账户，万一你发生意外，对于遗属而言，办理继承手续也是很麻烦的。家人必须带着你的户口证明去所有的银行办理继承手续。

6. 每月最多取两次钱

拥有 13 张银行卡的松本太太取钱的方式也存在问题。

她只要钱包里有现金，就会不知不觉地花光。

她在便利店的自助取款机取钱时，有时会取 5000 日元，有时会取 1 万日元。只要钱包里没现金了就立刻从自助取款机取钱，所以既有 1 周取 1 次钱的时候，也经常有 1 周取 2 次钱的时候。松本太太每个月都会将丈夫银行账户上的余额花光。当丈夫的卡余额不够时，她就会瞒着丈夫开始用自己的信用卡消费。

结果就是下个月要还信用卡，钱自然是不会有结余的。于是她便陷入了现金一旦花光又得用信用卡购物的恶性循环。

我向松本太太提出的解决方案是，首先规定每个月用多少钱维持家庭开支，然后每个月分两次去自助取款机取出来。

每月取 1 次也没关系。重要的是在规定好的日子里取出规定好的金额。不要在便利店取钱，而是去银行取出当月需要用的现金。这样一来就可以将每个月花费的金额控制在一定额度内。

取钱的日子放在发工资的日子之后比较好。每个月发工资的日子是 25 号，如果信用卡的还款日在月末，我们就在下个月的 1 号去取出第 1 次的钱。

然后在 15 号取出第 2 次的钱。此时，如果第 1 次取的钱还有剩余，第 2 次就只取出必要的金额补足即可。

例如，如果每个月用 3 万日元维持家庭开支，那么前半个月取 15000 日元，后半个月取 15000 日元。

如果第 1 次取出来的 15000 日元，在第 2 次取钱时还剩下 5000 日元，那么我们就只需要取出 1 万日元。

这样一来，银行账户上会剩余 5000 日元。这样，每个月把余下的钱存到储蓄存款账户不也挺好吗？有的银行还会提供在指定日期将账户余额自动转进存款账户的服务，可以到银行窗口去咨询。

7. 把账户余额用铅笔圈出来

银行卡明细不仅仅可以记录金钱的存取，也是像记事本那样可以记录在何时为何事花了多少钱的工具。

用 1 张卡管理所有收支，你就能够回顾并统计金钱的使用。回顾上一个月的金钱进项和支出，剩余的金额也可以简单地计算出来。

这时，将流入的金额和剩余的金额记下来。

工资汇进来之后记下来，在下次发工资之前，剩下来的钱记下来。这样一来，就可以通过明细实际感觉到自己省下来的金额了。

请你不要惋惜花掉的钱，而是要感谢自己账户上汇进来的钱和剩下来的钱。银行账户就是能让你亲眼看到、感受到对金钱的谢意的工具。

松本太太
发生的变化

在执行了这七大规则后,松本太太身上发生了如下变化:

确定好常用银行,将银行卡精简为1张之后……

→ 产生了未来贷款利息降低的可能性。

注销了所有的休眠账户之后……

→ 准确掌握了账户里的余额数目。

决定每月只取两次钱之后……

→ 剩下来的钱都存到了储蓄存款账户。

使用了自动转存的定期存款之后……

→ 每月定存，1年之后存下了23万日元。

松本太太通过整理银行卡获得的最大变化是，开始认真思考自己的金钱。

她过去分散使用多个银行卡，不能够自主控制金钱，一直被钱耍得团团转。就像别人说的那样，天天过着稀里糊涂往外打钱的生活。

把银行卡精简为1张之后，松本太太能够看到金钱的流向，能够存下定期存款和储蓄存款了。

另外，她确定了常用的银行，增加了许多向银行负责人学习理财的机会。

有了存款之后，她也会被推销使用投资信托，那也是一种对金钱认真思考的机会。

金钱就是能量。

就像我们的身体需要营养一样，我们的生活也需要金钱的能量。只把金钱这种营养存在身体里，会把身体弄垮。但是对于用储存下来的能量实现目标的人而言，金钱是可以产生成果的能量。

在银行，我们还可以学习到关于保险和年金的知识。学习与金钱相关的内容也是在学习如何生活。通过学习如何使用将来的金钱，我们也是在考虑自己和家人的未来。

整理银行卡可能需要去多个银行，所以1天是完成不了的，但是3天时间也足够了。不要拖延太久，一口气做完吧。

仅仅是遵守"一人一张银行卡"这个规则，就可以产生巨大的成果。请你现在立刻去实践吧。

03

整理冰箱

通过"一周购物清单"
减少伙食费

大大节省伙食费的方法

几乎所有找我咨询金钱烦恼的客人都没有记账的习惯,所以他们不清楚花了多少钱在食物上。

但是那样也没关系。对花在食物上的每一分钱都斤斤计较、每天在乎一瓶牛奶的价格也是没有乐趣的,而且这样既劳神劳力,还存不下钱来。

与之相比,有效果更好的方法。我的客户之一藤本圣子太太(化名)通过该方法,1年成功地省下了18万的伙食费。

本章节的主题是"减少伙食费"。虽然这么说,但并不是让你减少饭量,或是忍住不吃好吃的。

通过整理金钱流经通道的某个场所,你可以自然地减少浪费支出,做好三餐的营养平衡。

估计此时你应该已经明白了吧,对,我说的就是冰箱。

钱会在冰箱里腐烂

如果对伙食费毫不在乎，冰箱就会凌乱了。就算是1年成功节约了18万伙食费的藤本太太，她家的冰箱原本也是一团混乱的。

藤本太太与丈夫是双职工，还抚养着孩子。她每天的生活就是白天外出工作，晚上在回家路上的超市里购买一些特价商品。

她每天到家后都会把买回来的食材立刻放进冰箱。尽管一家人当晚就能把做的肉和鱼吃完，但是蔬菜和酱汁基本上都会有剩余，剩下的东西又会被扔回冰箱。只要放进冰箱，藤本太太有的时候就会忘记自己买过某样东西，结果要么又买了重复的，要么发现食材腐烂后就直接扔掉了……

这就是金钱在冰箱中腐烂了的状态。冰箱这个伙食费的流经通道没有整理好，会导致浪费增加，食材剩余，甚至家里的气场也会变坏。

藤本太太毫无生气地说："钱完全存不下来啊……"对此，我建议道："那么让我们先从冰箱开始整理吧。"

伙食费自然减少的 5 个步骤

整理冰箱的要点有 5 个。仅仅是做到这些,你就能够自然地改变所购食材的数量,实现营养平衡,减少伙食费。

1. 扔掉不需要的物品。
2. 建立一周购物清单。
3. 每周购物两次,确定购物日。
4. 决定冰箱每一层存放的食材。
5. 建立营养补给区。

那么就让我们逐一看看吧。

1. 扔掉不需要的物品

首先我们需要分出冰箱里"需要的东西"和"不需要的东西"。为此，请一次性地把冰箱中的所有食材都拿出来。

藤本太太喜欢做饭，她不断地从冰箱里拿出过期的酱汁和不知道自己什么时候做的酱料。

新上市的盐渍调味汁，只用过一次的浓缩调料，只在冬天使用的柚子胡椒，过期的蚝油，还没用完的寿喜锅调味汁，作为礼物收到的海苔调味汁和橘皮果酱，忘记了什么时候制作的草莓果酱、罗勒酱、大蒜酱油，各种宣传能提神的营养饮料，一共居然有20瓶！

冰箱俨然成了储物柜。

上面说的所有东西都价值300—400日元左右。因为都不是很贵，所以形成了用一半剩一半、就那样放着或者直接扔到垃圾箱里的循环。

我希望藤本太太意识到：要好好记住要扔掉的东西。

只有记住要扔掉的东西，以后去购物时，才能养成习惯，认真思考这个东西自己是否真的需要。

另外也要养成能自己做的东西就不买的习惯。例如，"寿喜锅调味汁已经扔掉了。那就用酱油、日式甜料酒和砂糖调一个好了"。

这样就能每次只制作需要的量，不会再出现剩余或者扔掉的情况。

2. 建立一周购物清单

把不需要的东西丢掉后，接下来需要写出一周所需的食材。首先是经常购买的食材。我们可以回想一下上周买的东西，具体如下：

洋葱 6 个
胡萝卜 6 根
肉馅 500 克
花蛤 200 克

这就是一周购物清单，也是整理冰箱时非常重要的清单，所以请把它贴在冰箱上。

然后以此为基础，首先只补充购买冰箱里没有的食材。

例如，洋葱已经只剩下 2 个，那就追加购买 4 个。如果胡萝卜只有 1 根的话，追加购买 5 根即可。

就请你以一周购物清单为基准，整理冰箱吧。购物的时间，等一下我再做说明。

写好购物清单并不算结束。

如果这周的洋葱剩了 1 个，清单上的洋葱数量就需要减少 1 个。

其他食材也是一样。如果肉馅过多，剩下的量放进冷冻层保存，就需要相应减少肉馅的购买量。原本清单上是 500 克，如果剩下 200 克的话，下周只需要买 300 克的肉馅即可。

一开始的时候你可能会觉得麻烦，但是重复执行几周后，购物清单的准确度就会提升。这样，购物清单就算整理好了。

当然，我的意思不是让你每周只买相同的食材，但是你试着写写应该就会出乎意料地发现，你常常买的食材总是那几种。

藤本太太也是这样，尽管每次购物时，她总是烦恼今天晚饭吃什么，要买什么食材，但是一试着写出清单，就意外地发现自己每周买的都是一样的食材，她顿时震惊了。

就这样决定好一周里能够吃完的食材数量后，她家逐渐不再出现饭菜做得过多、食材腐烂导致扔掉的情况了。自然地，垃圾的量也减少了。

顺便展示一下藤本太太为了自己一家四口拟定的一周购物清单。

藤本太太的一周购物清单如下：

火腿250克、猪肉片500克、肉馅500克、鸡腿肉500克、花蛤1包、鲑鱼类鱼切片8片、虾或者墨鱼1包、洋葱5个、胡萝卜5根、豆芽菜1袋、土豆5个、大葱2根、白萝卜1根、西红柿1包、圆白菜半棵（夏天）、大白菜半棵（冬天）、菠菜1捆、油菜1捆、西兰花1棵、青椒1袋、牛蒡1袋。

金针菇、杏鲍菇、香菇、丛生口蘑、香蕉2根、苹果2个、其他应季水果、牛奶5盒、鸡蛋2盒、豆腐3块、纳豆6包、油炸豆腐2块、鱼肉山芋饼、圆筒状鱼糕、酸奶800克、布丁或者果冻3个、干裙带菜、虾皮、羊栖菜。

藤本太太把这个购物清单写在银行卡大小的厚纸上，甚至包起来放入环保袋随身携带出行。这样是为了防止遗漏购买。

3. 每周购物两次，确定购物日

制定好一周购物清单，弄清楚吃什么、吃多少之后，这次我们来确定购物的频率以及购物的时间。

藤本太太以前多在工作日下班回来时去超市购物。为了犒劳辛苦工作了一天的自己，她会无计划地多花钱买薯片或者巧克力、啤酒等休闲食品。需要买的东西和不需要买的东西混在一起，她都不知道把钱花在了哪里、花了多少。

每天购物给藤本太太维持家计带来了负担，对她的身体健康也产生了不良影响。

食材和日常杂物的购买应该定为每周两次。这是我自己为避免浪费、减少伙食费立下的规矩。

另外，决定购物日也很重要。要将每周两天的购物日事先写在记事本上。

我让曾经每天都去超市的藤本太太执行下面的3点：

1. 把周一定为集中采购日。
2. 周四定为补充采购日。
3. 周日将冰箱里的东西吃光。

周一为集中采购日，根据一周购物清单来买东西。

例如购买蔬菜、早饭用的培根或火腿、面包、芝士、鸡蛋、牛奶、酸奶、想要常备的纳豆、豆腐、干货、大米、调味料等，以及周一和周二晚饭吃的肉和鱼。

周三基本上是使用炖菜或煮菜等剩下来的食材所做的菜。

周四为补充采购日。为了周四、周五、周六，补充购买以肉或鱼为主的食材，以及牛奶、鸡蛋、酸奶、水果等。蔬菜除去豆芽菜或者莴苣这种容易坏的，周一买的菜已经很充分了，所以几乎不需要再买。

到了周日，藤本太太一家经常是在外面就餐或者出门。所以我让她立下了周日不出门就把冰箱里的东西全部吃完的目标。

一周的采购循环是指确定统一购买和补充购买的日子，在一周内把所有买的东西吃光。

有的人会说："我想每天买新鲜的肉和鱼啊！"那么我觉得除了设置统一采购和补充采购日之外，在其他日子里，径直走向卖肉和鱼的摊位，只买肉和鱼回来就好了。

这样确定好购物的频率和日子，渐渐地就会减少去逛超市的次数。

就算收到周二打折特价的宣传单，也没有必要非得去买。

如果总是被打折特价"牵着鼻子"去购物，结果就是总的花费会增加。我们去采购不是为了买便宜的东西，而是为了买必需的东西。

4. 决定冰箱每一层存放的食材

在扔掉不需要的东西，掌握一周饮食的量，确定购物的频率和采购日之后，我请藤本太太最后做的是"决定冰箱里食材的摆放位置"。

　　藤本太太最喜欢做饭，冰箱里的蔬菜格、冷冻层等所有地方都被食材塞得满满的了。而放食材的位置基本是没有规则，有空位就直接塞进去。

　　因此，我让藤本太太决定冰箱的每层放什么、每样食材放哪里。

　　肉和鱼等生鲜食品放入冷藏层。

　　用作晚饭的原材料和快要过保质期的东西，放到最下面的格里提醒自己立刻吃掉它们。在最下面的格里，为了能把锅直接放进去，尽可能提前空出空间。

　　第二层放用作配菜的食材或前一天做好的菜。

　　第三层的左边放果酱和黄油等早餐会用到的西餐食材，右边放味噌和裙带菜等早晚餐都会用到的日料食材。

　　第四层放啤酒和巧克力等休闲食品。

　　为了让人能够看到所有蔬菜，蔬菜格的所有蔬菜按照颜色分开摆放。蔬菜的颜色不同，营养价值也不同。按照颜色整理放置，能够很自然地检查营养搭配是否均衡。

　　冷冻层里以主食为主，放入用来做盒饭的配菜、冷冻蔬菜、米饭和乌冬面等。

整理的范例如下：

冷藏：主菜（肉、鱼）

最下层：晚饭原材料，尽可能空出空间

第2层：配菜或常备菜（预制菜、前一天的剩菜）

第3层：早餐食材（日料、西餐）、汤料（味噌汤等）

第4层：休闲食品层（小吃、啤酒、巧克力等）

蔬菜格：按颜色分成红、绿、黄、白、紫、褐、黑

冷冻层：盒饭配菜、冷冻蔬菜等按目的区分保管

整理冰箱时重要的一个原则是不要把食材放到最里面。

大冰箱的纵深距离比较深，食材有可能就在看不见的位置上"沉睡"了。所以，请不要把所有的食材放到很靠里的位置，尽可能地放在前面。

5. 建立营养补给区

在整理冰箱时很重要的事情是，确保一家人能够充分摄取所需营养。如果为了省钱而一心减少采购量，导致营

养不足，就是本末倒置了。这就和为了减肥过度节食反而导致不健康一样。

冰箱里的营养平衡问题，我们可以通过设立营养补给区来解决。

针对一周购物清单上的食材，你可以了解其所含有的热量、蛋白质、钙、食物纤维、维生素等含量，既可以参考食品成分的书籍，也可以用手机上的营养计算器程序计算——只要把清单上的食材种类及数量输进去，就能够简单地计算出来里面所含的营养元素。

像我们家，计算完一周的食材营养后我才发现，我家的钙含量严重不足。我就赶紧在冰箱里设立了"钙补给区"，放入芝士、裙带菜、虾、芝麻等，同时在一周购物清单上也追加了这些食材，而且决定每天一定要从这个补给区摄取3大勺以上的食村。

每天考虑着营养去做饭是挺难的。但是，通过一周采购的食材是能够做好营养平衡的。

如果一周内应该吃完的海藻或者小鱼在冰箱里有剩余，那就是冰箱发出的警告。冰箱在用这种方式发出批评："现在你的营养不均衡了哟。"

藤本太太
发生的变化

整理好冰箱后,藤本太太立刻发生了变化。

"我养成了将想要尽快吃掉的食物移到冷藏最下面一层的习惯,买回来的食材就能够趁着新鲜劲儿吃完了。"

这样一来,下述戏剧性的变化就发生了:

1.她掌握了全家一周能够吃完的食材量,减少了食材的购买量。

2.通过确定采购的次数和日期,她不再买不需要的东西了。

3.通过决定食材存放的位置,丢弃食材或者食材腐烂的情况不再有了。

结果，藤本太太原本每个月需要花费 68000 元伙食费，现在居然减少至每月花费 53000 元。每月节省了 15000 元，一年算下来就是节约了 18 万。不但不用忍着不吃想吃的东西，而且轻松地省下了钱。

"今晚吃什么呢……冰箱里有什么呢？"
"都这个时间点了……得赶紧买菜去。"

以前，这些想法经常支配着藤本太太的大脑。

现在，整理过冰箱后，她能够记住冰箱里有什么，决定菜单的时间就省掉了。另外，确定每周购物两次后，她也不用赶时间去买菜了。

省下时间的藤本太太，最近开始散步了。准备完晚饭后，为了调理身体状态，她渐渐地养成了在傍晚花时间散步这一重要习惯。

确定冰箱每层放置哪些食材后，就能整理好一周的食材量。请养成买菜回来后将食材放到指定位置的习惯。一旦确定好，其他就会非常简单方便了。相反，放到不对的地方，你心里反而不舒服。

想做就赶紧做。请你在今天把不要的东西全部扔掉，将冰箱清理干净，只放新鲜的好吃的东西。我想你花半天时间就能做完这些。

仅仅是整理好冰箱，就能让金钱、时间、健康同时得到改善。这样，生活也会变好。

04

整理记事本
通过"记录三项"开始储蓄

"用记事本记账也存不下钱"

齐藤真弓太太（化名）自从 7 年前结婚开始就不断重复地在记事本记账这件事上失败。

每到年终的时候，书店里就成排地摆满了可爱的记事本。齐藤太太最喜欢选购色彩斑斓、各式各样的记事本了。她每次都带着"今年一定要把账记好！"的决心购买一本回来，但是，3 个月之后就失败了，记事本剩下的页面上全是空白。她陷入了这种循环。

不过据说去年齐藤太太这 7 年来第一次将记事本从头到尾记满了。齐藤太太对于这一年坚持下来的结果是这么想的：

"我坚持记录了，然后呢？"

尽管她每天很努力地记账了，但是并不知道应该要怎样有效利用记录的结果。

齐藤太太只会在冬天觉得燃气费高、夏天觉得电费高时感叹一下而已，也只是在写下数字时记录了钱花在了哪里。到月底时，她也只是感慨一句"啊啊……这个月花了这么多钱啊"，完全不知道应当怎样活用记账这个事。

留下的不是金钱，只是徒劳的无力感而已。

原本是为了不过度花钱而开始用记事本记账的，结果反而成了引发"这个月也花光了＝没钱了"这种令人郁闷的情绪。

最终，她也就渐渐丧失了记账的欲望了。

我建议齐藤太太停止记账，开始整理记事本。

记事本是"金钱使用的预言书"

当你想要整理金钱时，挡在你面前最大的壁垒是"忙碌"。每天的生活就已经很消耗精力了，也就没有思考金钱的时间和心力了。

没钱了。

但是,好忙啊。

人们被时间和金钱追赶着,自己人生的方向盘好像被别人掌握着。

就算像齐藤太太那样,想着"用记事本记账就应该可以了"并开始做了,结果也会因为太忙而没办法坚持下去。就算一年坚持下来了,她也只是最终感慨一句"然后呢",徒增难受而已。

为了摆脱这种状态,有一样东西非常有用。那就是记事本。

记事本里写下的是"未来"。

几乎不会写下以前的计划。

某月某日某时开始和某人见面。去看电影、参加培训、做瑜伽、去吃午饭……

写下从现在开始要做的事,我们会为了让这些事情变成现实而行动。

记事本,换句话说就是"预言书"。

甚至还有一点,这些"计划"也是"花钱的计划"。像是去哪里要花交通费、看电影要买电影票、去餐厅要花伙食费等，记事本就是记录这些情况下"接下来要花的钱"。

记事本正是金钱流经的通道。

如果这里是无计划的、凌乱的，那么钱只能是一味地花出去。

反之，如果将记事本整理好，就可以减少浪费，开始存下钱来。

记事本是谁都能轻松使用的东西，不会像记账时那样有些不情愿。这个方法真的非常简单。

通过"记录三项"整理记事本

记事本也是金钱流经的通道。为了整理记事本,我建议做好下述"记录三项":

1. 计划和预算金额一起记录
2. 周日时记录钱包的余额
3. 在"不打开钱包的日子"上盖章

1. 计划和预算金额一起记录

记事本上需要填入"计划"。我一般会在那里一并填上大概会花掉的"金额"。

某月某日　和某人一起吃午饭（1500日元）

某月某日　买春天穿的衣服（15000日元）

　　大概如上所示。金额没有必要写得完全正确，写上大概会花的金额即可。也存在像酒会的会费、电影票等事先能掌握准确支出金额的情况。

　　仅仅是这么做，就会发生戏剧性的变化。

　　通过记下金额，本周大概的消费金额就能一目了然了。这样一来，如果有新的计划突然要加进来，因为本周的消费支出多了，所以你就能发挥自制力去放弃新计划了。

　　为什么一不小心钱就花掉了？这是因为安排行程缺乏计划、无法控制计划，其实也就是丧失了对金钱的控制力。如果那时再发生参加朋友的婚礼等"不在预期内的消费"，你的生活就会更加拮据。

　　将计划和预算金额一起写在记事本上，将支出可视化，可以方便判断今后能安排多少计划。

　　请将日常购物也作为计划写进记事本吧。比如说一周要买两次食材和日用品，就将这些也写进去。

某月某日　去超市购物（3000日元）

　　另外，如果要购买孩子的鞋子或者西装时，也请将计划和预算金额一起写进记事本。

　　某月某日　给孩子买运动鞋（3500日元）

　　将购物的预算金额写进记事本是用来明确"预计花费的金额"，让"预算"更清晰。这么做可以防止去商店时过度消费。
　　假设要给孩子买运动鞋，如果没有设定预算金额直接去商店，那么很有可能孩子说想要什么就直接买了。
　　但是如果明确了预算，就能够在孩子想要的鞋的价格与预算之间多做比较。
　　给孩子买东西，给丈夫买东西，给自己买东西，所有的情况都一样。
　　通过"整理记事本"能培养对预算的感知能力。
　　这样也就能更好地控制金钱了。

当该计划完成后，将预算金额用横线画掉，在下面写上实际花掉的金额。

在实际金额下面将和预算的差额用正负值写上会更容易明白。比如说，在超市的消费预算是 5000 日元，实际上花了 6000 日元，就写上"–1000 日元"。

这样一来，讨厌写负值、无论如何都想写正值的意识就会发挥作用，帮助你控制乱花钱的欲望。

为了过上丰富多彩的人生，你需要从眼前有的选项中明确选择什么、放弃什么。我觉得计划和金钱也是"自己能够选择"的事情。重获自己的选择能力，将记事本当作预言书去使用，就能帮助人们整理金钱的能量。

2. 周日时记录钱包的余额

将计划和预算金额一个个地写进记事本后，接下来的每个周日，我们要在记事本上写下钱包里的余额。

不满 100 日元的就不用写。例如每从银行取钱，就按下面这么写：

4月3日　47000日元

4月10日　40000日元

4月17日　29000日元

4月24日　10000日元

你也许以为自己掌握了钱包里的金额，但意外的是其实并没有。有时，纸币重叠在一起了，或者零钱掉进拉链里了，那也是没办法的事。也有偶然的瞬间惊叹："啊？已经只剩这么点钱了吗？"

为了防止类似的事情发生，所以要每周在记事本上记一次余额。在每个计划边写上"预算金额"，相对地，每周写一次"实际金额"，以便我们掌握收支情况。

即使加入新行程或者制订新购物计划，你也能够从容控制自己的状态。

选在周日记录余额是因为，在大多数情况下，人们心里默认下周一又是新的开始。如果周六日不休息，那就选择对自己而言是"一周结束的日子"去记录余额就行。

3. 在"不打开钱包的日子"上盖章

在记事本上写完金额之后，最后一步是增强存钱动力的记录。

在"不打开钱包的日子"上盖章，或者盖花印（在日本，小学老师会在成绩优秀的学生的考卷上画上花形的图案）也是可以的哦。

虽然很简单，这却是鼓励干劲的强效方法。

"啪"地打开记事本的日历，如果盖了一堆印章，那么就能一目了然地明白"这个月干得不错！"，这样也能让余额减少得慢一些。

"为了在记事本上多盖几个印章，我减少了接孩子回家的路上顺路喝个奶茶的次数。"

"只要不打开钱包，就能存下钱了呢。"

"很高兴盖的章变多了，如果只是一站地的路程，我就不坐车了，走路过去就完了。"

上面都是实践了在记事本上盖章的人们的反馈。

因为可以一目了然地看到自己努力的成果，所以就有了继续记录的动力。结果就是人们又高兴不用花钱,又开始存下钱来了。

　　下面我还会介绍更加推荐的方法。
　　那就是三天不打开钱包的"三天断钱生活"。买够三天的食材,挑战三天不花钱。在记事本上,这三天全部盖上章。
　　我在本书第三章《整理冰箱》里也说了,一周决定购物两次,每次统一购买三四天的食材。除了这个购物日之外你就毅然决然地完全不花钱了。
　　请你试试这个"三天断钱生活"的方法,你应该能体会到钱不会变少的快感。先试试一个月一次,习惯了之后两周一次,一周一次,这样增加频率。这样做一定会让你切实体会到钱不断存下来的喜悦。

记录"取钱日"

我自己会将从银行取钱作为计划写在记事本里，不是随便找个时间在银行或者取款机上取钱，而是将取钱日作为计划记录下来，当作重要的时间对待。

我在第二章《整理银行卡》中也说过，一旦决定每个月取两次钱的话，在最开始的取钱日中取出 15000 日元，然后在 15 日再取钱，将钱包的余额补充至 15000 日元即可。届时在记事本上写上"某月某日　银行取钱 15000 日元"。

记录每月的"特殊消费预算"

像买生日礼物、旅行或者买土特产等日常生活之外的"特别花销",要作为每月的预算内容在记事本上预先设定。

记事本上如果有一年的日历,也可以记在那里,记在每月计划表的备忘录栏里也可以。例如:

1月,30000日元,压岁钱,御守,拜年
2月,15000日元,情人节,儿子的生日

这样一来,你能够知道每个月要花的钱的金额,在每个月去银行取钱时,就能够按照预算金额取钱了。

用信用卡支付这些金额时,将金额写在记事本上,也能够减少过度消费。

齐藤太太发生的变化

齐藤太太曾经找不到用记事本记账的意义,苦恼于没有时间和钱。

通过在记事本上"记录三项",她发生了下述变化:

将计划和预算金额一起记录……

→ 她萌生了每次在预算金额范围内购物的意识,减少了买多余物品的情况。

在每周日记录钱包的余额……

→ 她减少了毫无章法的计划外的花费。

在"不打开钱包的日子"上盖章……

→ 她减少了花钱的日子。

更令她欣喜的是,她可以按照自己的计划花钱了。

在那之前,齐藤太太总是随意地取钱然后花掉,而且总是被突发的支付耍得团团转,没办法控制金钱。

但是通过活用记事本,她产生了明确花钱的意识,自己能够在必要的时候花钱买真正需要的东西了。

而且最重要的是,她开始存下钱来了。

她能够控制金钱了。

在考虑自己与金钱的关系时,我们有两个选择。是"自己被金钱控制"还是"自己控制金钱。"

记事本不只是避免自己忘记计划的工具,而是为了"将预想的未来现实化"的工具。

停止"随意"。

习惯"自己选择"。

仅是如此,生活就能变得更充实。

能够实现金钱增长的人,比起存下金钱本身,更珍视这种充裕感。自己想要的东西不管多少都能得到,对于不需要的东西一分钱都不花。

请你打开记事本,赶紧试着记录三项吧。今天用一天时间整理"计划"和"金额"。

请你使用记事本来整理思绪和感情,将精力都集中在真正想要做的事上吧。思考自己想要重视的事情,把它们记进记事本吧。

记事本会成为你描绘自己人生蓝图的巨大助力。

05

整理负债
"七天内"一口气整理干净

每月被扣掉的各种费用

一般来说，在我们不知不觉中，房间里有些地方会潜藏着螨虫和霉变，比如说浴室的换气扇、空调的过滤网、洗衣机里面，等等。

像这些不容易看见的地方，如果不特别去注意就很容易忘记打扫。结果家里就会蔓延着看不见的螨虫和霉变，这些都会损害我们的健康。

像这种看不见的螨虫和霉变，实际上在金钱的流经通道中也会存在。

那就是负债。

即使有人说"没有啊……我们家没有借过钱呢"，但也请你不要小瞧了看不见的负债。

房贷自不必说，请问你有没有多付超出必要的话费？有没有买理赔内容重复的人身保险？有没有买并不常看的有线电视付费频道？

也许你会觉得"那些也不是负债啊"。

但是，"无意识"被扣除的这些钱，正是会剥夺你自己的 5 年后、10 年后的钱。这些都是负债。

所谓的"借钱"行为，换言之就是"主动掠夺未来的钱"的行为。偿还借款其实就是减少了未来的收入。

这样无意识地持续付款会变得理所当然，当你察觉到时很容易已经陷入经济困难的窘态。眼里看不见的扣款会腐蚀金钱的流经通道，给我们的生活带来混乱。

我们不是用现在有的钱过现在的生活，而是借了自己未来的钱过当下的生活。

这么做，我们是等不来光明未来的。

虽然我们也需要担心 20 年后、30 年后的老年生活，但更重要的是要了解现在的负债状态。

我们首先要认识到"自己对于负债一无所知"，这样才会发生戏剧性的转变。

有人只是听到"负债"这个词就想捂住耳朵。

因此,他们不会正视自己不知不觉中被扣掉的那些钱,只会一如既往地这么过下去。

也有人说"负债的事都交给丈夫处理了",但是丈夫也许对于负债也是毫无知觉的。

如果认识不到"自己不知道",就不会去学习,接下来也还是会一直苦于没有足够的钱。

请不要担心未来,先将目光转向当下的现实吧。了解到"自己不知道",这才是整理负债的起点。

整理"看不见的消费"

"必须得赚够孩子的补课费。"

说这话的加纳理香太太(化名)是一名全职家庭主妇,她有两个孩子,分别是15岁和13岁。

老大因为要考高中,所以每个月上补习班要花8万日元的学费。

加纳太太手头现在有三笔负债,包括10年前花3200万日元购房时的"房贷",丈夫上下班用车的"车贷",买电脑和空调时的"贷款"。

每月还完这三笔钱之后,她还要支付孩子的补课费、电费、燃气费、手机话费、孩子和丈夫的零花钱等,剩下的钱只够勉强支付伙食费和其他生活费用。一家人一直过着这样拮据的生活。

天天被付款追赶的加纳太太，注意的只是孩子的补课费和学费、超市购物的伙食费和日用品这些"看得见的消费"。

但是她首先应该知道的是"看不见的消费"的存在。

折磨你的"利息"的真面目

作为开始给加纳太太建议的线索,我提出了下述问题:

你利用信用卡贷款借了 50 万日元,年利率是 18%,每个月还款额为 7500 日元。那么你多少年后能够还清借款?

请读者也一起思考一下这个问题。

面对这个问题,加纳太太答道:"10 年左右……对吗?"我问为什么,她说:"因为 1 年要还 9 万日元,所以 10 年是 90 万日元。还款利率是 18% 的话,还款的钱感觉是借出来的钱的将近 2 倍……"

但是,正确答案是……一辈子。

这种情况不是说一辈子能还完贷款。

贷出来的钱是 50 万日元，而这 50 万日元会产生 18% 的利息。

50 万 ×18%=9 万日元。这意味着一年产生 9 万日元的利息。

每月偿还 7500 日元的话，1 年还的钱是 9 万日元。等于说 1 年还的钱只不过是利息而已，本金一分钱都没有减少。

借出来的 50 万是一辈子还不完的。

这就是利息的构成模式。

实际上，50 万日元的贷款，如果每个月至少还 1 万日元以上，这种事就不会发生。但是如果不理解贷款利息的规则，我们就会在很长时间内持续只支付利息了。

跨越负债的"两大壁垒"

"要还一辈子吗……利息好可怕啊。以前我都没怎么意识到这个事。那我们家的房贷利息得有多少呢……"

加纳太太第一次开始意识到自己的房贷利息了,估计在那之前一直是交给丈夫处理的。我立刻这么提议道:

"那么,请立刻查询您家的房贷利率是多少,让我们一周之内试着调整一下吧。趁这个机会将保险的内容也重新看一下。能做到吗?"

加纳太太听后低头难为情地说:"唉……一周之内比较难啊。因为要参加孩子报考高中的说明会,也约好了看牙医……"

于是我问她:"你会去超市买东西吗?""是的,每周去三次。"她回答说。

能有时间一周去三次超市的加纳太太看起来在时间上是有富余的。既然这样，她为什么会觉得一周内无法重新研究房贷和保险呢？

实际上，在整理负债时，我们必须要跨越的壁垒有两个，分别是"感知麻痹的壁垒"和"自我合理化的壁垒"。

因为这两大壁垒的干扰，我们没办法立刻开始整理负债。

1. 感知麻痹的壁垒

"感知麻痹的壁垒"是指：对于高额物品的消费感知麻痹了，觉得没必要再重新评估了。

在超市买 100 日元的蔬菜时，我们会觉得，哪怕便宜 10 日元都很重要。但是另一方面，在买 3000 万日元的住房时，当被销售问到"如果加 50 万日元的话可以升级带浴室，您觉得怎么样"时，我们会很轻易地说"好的，那就拜托了"。

金额越大，我们的感知就越容易麻痹、松懈。

这点在房贷上也是一样的。面对数千万日元的巨额房贷，我们很容易觉得利率是 1.5% 或 2.5% 并不是什么大问题。但是，利率只要有 1% 的不同，所需要支付的金额就会有很大的差别。

重新审视这点所能带来的好处是无法衡量的。

但是加纳太太因为对这个大笔金额的感知已经麻痹了，所以会抵抗"立刻重新评估"。

2. 自我合理化的壁垒

任何人都不想因为自己买过的东西后悔。买的东西越贵越不想承认自己买错了。所以人们会找"购买的理由"将自己的行为合理化。这就是"自我合理化的壁垒"。

当然，不是说这样不好。但是它确实是导致人们拒绝"重新评估"的重要原因。

一般情况下，人的一生中买得最贵的东西便是住宅。也许为此你会去房地产公司介绍的银行申请房贷，按照银行工作人员说的那样直接在合同上签字盖章了事。

但是，那可是如此高价的商品啊！人们自然不想认为自己接受被告知的利息后直接签字的判断是错误的了。

即使房贷的还款总额有可能下降，人们也不想去做调查来否定自己的判断。

不管是有意还是无意，人们都会对"重新评估"产生抗拒感。这并不是有没有时间的问题。

在我详细说明了两大壁垒后，加纳太太终于理解并接受了，她有干劲地说：

"比起思考在超市买便宜 10 日元的蔬菜，我去银行咨询房贷能不能少 100 万日元的可能性更重要，对吧？"

正是如此。那么做就能开始一口气整理大额借款了。

房贷的利息一旦确定后就一辈子不变了吗？

在加纳太太理解了需要跨越的两大壁垒后，接下来我又问了下面的问题：

"您家的房贷利率是多少？"

"还款余额和年限还有多少？"

"嗯……"加纳太太无言以对。

这么问的话，会有一半多的人和她一样无法回答。但是答不上来也很正常，因为谁都不会详细告知你还款金额的。

比如说，申请房贷时，1年内会从银行那里收到1次或者2次还款余额明细，而且上面还列了很多令人无法理解的词汇，例如"固定利率""浮动利率""5年固定利息贷款""flat35固定利息贷款"等。

规章和说明都是用小号字写的，简直就是"请不要仔细阅读哟"的意思。

把钱贷给你的银行，希望你就这样一直贷款下去，所以不会向你提出新方案。假设银行跟你说"有更优惠的方案"，那也基本上不是"对我们个人"有利，而是"对银行"更有利。

加纳太太说"买房是一生的事情，所以我以为房贷也是一生仅一次的体验"。

确实，合同签署后，就只是30年间每个月被扣除相同的金额而已。人们也不会因为怀疑而去重新评估。

你的贷款余额是多少？

但是，正因为是不容易看见的借款，所以我们去了解贷款的利率、每月的还款额、借款余额、借款年限是很重要的事情。

不仅仅是房贷，车贷、教育贷款、信用卡贷款和买入的保险也是一样的。

首先请从"知道"下面这些内容开始：

- 你的贷款余额是多少？
- 现在的贷款利率是几个百分点？
- 到还完贷款还有多少年？
- 要想减少还款周期应该怎么做？

保险也是一样：

- 购买的是哪家公司的保险？
- 人身保险、医疗保险、财产保险的赔偿内容是什么？
- 如果中途解约，有没有退款？退款金额是多少？
- 过去两年以内有没有重新评估保险？

就算这些都答不上来也不用失望。我以前也是一看到"利率""退款""重新评估"这些词就会有抵触反应的，有时还把这些难事推给我丈夫去处理。

但是，只要我明白存在着看不见的"螨虫"和"霉变"，下定决心做"大扫除"，再通过上面那种自问自答的形式"只是知道"自己借款的实际情况后，我就会开始寻找能够尽快、便宜还款的方法了。

仅仅是"知道"，我就竖起了减少贷款余额、缩短还款周期的"天线"，自然就容易获取相关信息了。

因"借钱还贷"获益的人和受损的人

那么有什么样的方法能让借款尽快、便宜地还完呢?

其中一个办法是贷款的"借钱还贷"。这个是最想要推给丈夫做的一件事了。

所谓的"借钱还贷",是指将现有的贷款替换成利息更低的贷款。这里特别针对房贷的借钱还贷进行说明。通过改变贷款银行,能够减少还贷总额。

如果遇到下述情况,你就可以去商讨借钱还贷:

- 贷款余额在1000万日元以上。
- 还款周期还剩10年以上。
- 利率能减少1%以上。

但是，贷款余额在 1000 万日元以下、利率差在 1% 以内的情况下依旧也有借钱还贷的好处。

根据日本 2014 年度住宅金融支援机构的调查，在进行过借钱还贷的人群中，有 90% 以上的人成功降低了还款利率。

其中，用借钱还贷将期限缩短了不超过 5 年的人占了 40%，缩短了 5—10 年的人占了 30%。

（以上数据来自住宅金融支援机构进行的《2014 年度民间住房贷款借钱还贷实际情况的调查》）

成功地让房贷总额减少了 800 万日元！

加纳太太明白了自己对于借款一无所知后受了打击，但是很快又振作了起来，表示"一定要觉醒"。她赶紧在征信机构查询了自己丈夫的信用是否受损，在网上模拟房贷的借钱还贷。

加纳太太 10 年前签订的房贷合同是 35 年、3500 万日元。现在剩余的还款年限和余额分别是 25 年、2500 万日元。迄今为止的还款利率是固定的 3.4%。如果这么继续下去，等她丈夫 70 岁的时候才能还完，而她丈夫的退休年龄是 65 岁。

于是，加纳太太开始寻找能够满足她将借款期限缩短至 20 年、还款利率也降低等条件的合适的银行。

从网上的模拟结果中，她选出了 3 家银行，然后和那些银行商谈了贷款削减事宜。

结果她成功发现了能够将 2500 万日元按照借款周期 20 年、还款利率 20 年固定 1.55% 贷出的银行。这样一来，居然成功将房贷减少了 800 万日元！

和银行谈判的高明方法

在跟银行协商借钱还贷时,不要先跟现在正在贷款的银行协商,请先去别的银行协商吧。为什么要这么做呢?这是因为如果先跟现在用的贷款银行协商,银行就有可能会为了阻止你,光跟你说"借钱还贷"的坏处。

先去别的银行咨询有没有可能进行借钱还贷。在接受过资质审查后如果知道可能借钱还贷(比现在的利率低),再去了解由此能得到多少优惠。

在此基础上跟现在的贷款银行做如下协商:

"通过商讨借钱还贷,我知道了在 A 银行可以降低还款利率,但是我还想跟贵行继续合作下去,咱们能不能商量一下,降低还款利率呢?"

特地先去其他银行进行借钱还贷审查，是为了方便和现在正在贷款的银行交涉。

办借钱还贷时，一般都需要花手续费。将其他银行和现在用的银行做比较时，如果还款利率都能下调1%，现在贷款的银行手续费便宜的概率就会高。

另外，在现在用的银行这边，你一直都能按时还款，所以积累了信用，将来你再委托这家银行的时候，对方也更有可能会设身处地为你着想。

对银行而言，被其他银行借钱还贷对他自己是不利的，所以他们也会想尽办法阻止你。

所以，我们要将在其他银行的审查实际情况作为谈判材料，跟现在用的银行协商置换便宜利率的贷款方案。

当然，我们可能也会有"不进行借钱还贷比较好"的判断。特别是有的人用的是固定利率方案，因为利率低，所以如果轻易地置换成浮动利率也会产生损失。因此，首先需要知道自己的贷款情况，以便跟银行协商。

为了能在庞大的信息量中做出正确的选择，你不能只是将一家银行的意见囫囵吞枣地接受，重点是要与别的银行和其他人的说明进行比较。

　　而且，不要把这个事情推给丈夫，你自己也要竖起"天线"去获取跟贷款相关的信息。

现在请立刻停止"分期定额付款"

加纳太太身上还存在着信用卡使用方式的问题。如果银行账户余额不够 100 万日元，她就会不安。因为不想从账户取钱，所以手头紧张的时候她就会使用信用卡的分期定额付款。

分期定额付款是指购买的商品费用按照每个月基本固定的金额分期支付的一种付款方法。虽然实际上支付着高额的利息，但是因为每月偿还的金额相同，这样不管买了多少都很难让人感觉借款增加了。即使是买贵的东西，也不会让人实际感觉到利息上涨。由于送来的账单明细也不容易看懂，所以很难让人察觉到借款增加了。

另外，即使能在店里一次性支付了，到了网上也很容易用分期定额付款。分期有 5 倍积分！因为写有类似的诱惑性宣传语，很多人就轻易地申请分期定额付款了。

还有的情况是，人们觉得是一次性支付的，但是被自动变更成了分期定额付款了！这是因为有人在申请信用卡的时候初始设定的是分期定额付款，还有人是申请成了分期定额付款专用的信用卡了。又或者人们在申请各种活动时，结算自动切换成了分期定额付款。

使用了分期定额付款的人，请现在立刻考虑停止使用，改成一次性还款或者提高每月的支付金额。由于购物的分期定额付款导致自己被迫破产的人也不在少数。分期定额付款是一种非常危险的借款。

"保险"也成了借款？！

保险经常是一旦决定后好几年都持续执行相同的合同，因此也成了人们眼中不易看见的金钱流通方式。首先让我们从准备保单、在纸上写出下述问题的答案开始吧。

- 购买的是哪家公司的保险？
- 所购买保险的保费是多少？
- 保费的缴纳时间是什么时候？
- 购买保险的被保人和保险金的受益人是谁？
- 保险的理赔内容是什么？
- 如果中途解约，有没有退款？退款金额是多少？

通过列出这些内容，我们来确认所购买保险的理赔内容有没有重复、保费有没有涨价。

但是保单的确认方法迄今为止是没有人会教给我们的。尽管试着写出来了，但是这些对不对是否买了合适的保险，我们是不知道的。

于是，为了理解"看不见"的保险内容，我们要拿着保单去保险公司咨询。

在保险公司工作的人基本都是理财专家，拥有财务顾问资质。为了给客户推荐新的保险，他们会很仔细、耐心地告诉我们保险内容。

另外，买保险也是为了将来的财务规划，所以顾问也会告诉我们5年后、10年后会给孩子们花多少钱。

咨询的方法很简单，只需要问："对于相同的理赔内容，有没有减少保费的方法？"

你可能会觉得，这么做要被迫买新保险，好麻烦啊……但是如果真的理赔内容相同又可以少交保费，你就赚了。如果存在保险公司强卖强买的情况，解约去别的保险公司做同样的咨询就好了。

更重要的是，通过这么做，你能以用保险证明的方法为基础，思考自己未来的理财计划。

加纳太太拿着保险证明去保险代理店咨询后，理赔内容几乎不变，但成功地让每月保费便宜了 5000 日元，一年少交了 6 万日元。

曾经免费的通信费不知不觉变成付费的了……

加纳太太还有一项没有察觉到的负债，那就是手机的分期贷款。她丈夫最近以 24 个月分期贷款的形式买了最新型的智能手机。

因为手机商店说每个月的付款金额可以很低，所以他们就照样申请了贷款。可这完全就是负责。

因此，如果发生还款延期就会被征信机构记录，这甚至会成为无法申请房贷的原因。

更有甚者，加纳太太在查询话费套餐内容时发现了不知不觉中花掉的钱。

- 手机的 Wi-Fi 每月 300 日元
- 家用 Wi-Fi 每月 500 日元
- 雅虎高级版 每月 410 日元

- 亚马孙 Prime 会员　年费 3900 日元
- 不看的 WOWO 频道使用费　每月 2484 日元

加纳太太发现，以上内容合计 1 年要支出 48228 日元。

不仅仅是她会有这种跟网络相关但没注意到的费用支出，很多人都会忽略手机或者网络的费用。这种就属于金钱流通的缺口和漏洞。

另外，雅虎高级版的结算只是从信用卡每月扣除少量的费用，亚马孙 Prime 会员费用是每年扣 1 次，如果不仔细查看信用卡账单的话是无法察觉的。

以上问题的解决方案是，为了掌握没注意的通信费内容，每年需要重新评估一次电视、话费、网费的合同。

加纳太太的家用 Wi-Fi 的支付对策，是从给平常签约的 Wi-Fi 公司打电话咨询每月费用开始的。她问对方："有没有可以减少费用的方法？"

当初公司说的是："是免费的，不考虑使用吗？"结果家用 Wi-Fi 从 1 年前开始因为规则变更，变成了每月需要花 500 日元了。

加纳太太下定决心重新评估话费后注意到了这个事实，于是办理了解约手续。

加纳太太
发生的变化

这样一来，整理了"看不见的"负债后的加纳太太，发生了下述戏剧性的变化：

调查了房贷的利息、余额、余下的还款年限，进行借款还贷……

→ 她的还款总额减少了 800 万日元。

基本不改变理赔内容，重新购买了新保险……

→ 每月减少 5000 日元，一年减少了 6 万日元的保费。

停止信用卡的分期定额付款……

→ 没有了今后利息上涨的可能性。

解约了不知不觉中支付的通信费……

→ 手机 Wi-Fi 每月 300 日元

→ 家用 Wi-Fi 每月 500 日元

→ 雅虎高级版 每月 410 日元

→ 亚马孙 Prime 会员 年费 3900 日元

→ 不看的 WOWO 频道使用费 每月 2484 日元

合计 1 年减少 48228 日元的支出

　　加纳太太节奏很好地重新评估了房贷、保险、通信费。但并不是所有人都能像她那样下决心整理负债。不少人无法跨越负债的壁垒，总是说着"下周再做吧"，结果几个月过去了还是那个老样子。

　　对负债的调查，时间拖得越长，能量消耗得越多，人就越会失去干劲。另外，不安和担心会招致负面想法。

　　一旦决定整理，就要短时间内一口气去做。

　　整理周期定在七天。

　　借款的大扫除时间要决心一年做一次。

为什么要定 7 天呢？这是因为了解贷款和保险，需要花时间预约咨询或者订购相关书籍等。特别是房贷的借款，处理完还贷的所有环节是需要花一定时间的。

虽然这么说，但如果你花的天数过长也是一种损耗。就算不能把所有的内容都完成，也要下决心在七天内掌握自己借款内容的全貌，一口气解决掉。

06

整理家居

迎钱入家门的三大法则

如果房间凌乱，钱就会逃走

每当有客人来向我咨询与金钱相关的内容时，我都尽可能地去拜访对方的家。当然有想要了解更多个人信息的原因，但是理由不仅如此。

因为从一个人的家可以看出那个人对于金钱的心理状态。

例如四十多岁的家庭主妇佐藤由佳太太（化名），她的金钱问题就可以从家的状态中看出来。

"家里挺乱的……这么脏，真不好意思。"

将我请到家里的佐藤太太如是说。

"我很疲于应对妈妈群之间的人际关系。想从那里抽身出来做些什么事情，但是没有什么闲钱……"

但是，她家里到处都是东西。

玄关处堆满了最近刚买的鞋和包，衣柜里摆满了西装，厨房中是堆成山的餐具和锅，客厅中扔满了DVD和书。

也不是所有东西都在用，只是放在那里而已。

实际上，佐藤太太消解压力的方法是"购物"。她一边被为了释放压力而买的东西环绕着，一边说"没钱……""屋子好乱……"。

房间凌乱在压迫人们精神的同时，也是金钱流失的原因。

东西散乱的问题是指"需要的东西"和"不要的东西"混在了一起。这样一来，尽管有可以用的物品，但所谓的"没有"这种意识也会驱使人们去购买新的物品。

重要的是减少物品的数量，只留下真正需要的东西。要充分发挥该物品本身的功能和优点。

而且，长期保持该状态。

这样做的结果就是可以减少不必要的购物，营造宜居的简洁空间。

掌握三大法则,就能打造聚财的家

我向佐藤太太提议建立下述规则:

1. 客厅地板上不放东西
2. 厨房餐具定为"每人一组"
3. 衣柜里的衣服,每买一件就扔一件

为什么这么做能够整理金钱呢?就让我为大家一边介绍佐藤太太的例子一边说明吧。

1. 客厅地板上不放东西

"对您而言,客厅是怎样的空间呢?"

我这么一问，佐藤太太答道："是一家人聚在一起的地方。"对于大多数人而言，客厅既是和家人聚在一起的空间，又可以说是清醒时在家里待的时间最长的地方了吧。

但是在佐藤太太家的客厅，电视柜的旁边、墙边小桌的上面、矮桌的下面摆满了不用的东西，像是旧杂志、邮购商品目录、未开封的DVD和CD、没有放照片的相框、满是灰尘的鹿形摆件等。

实际上，佐藤太太的精神状态多少也受到了客厅状态的影响。如果东西凌乱，不仅仅是很难打扫，还会对购物产生不良影响。

· 尽管已经"有了"某物，但还是会买两三个相同的东西。
· 失去了筛选有用的物品和不用的物品的能力，购买不用的东西。
· 只是为了满足想买的欲望而买了多余的东西。

不知不觉中，佐藤太太就这样受到了凌乱的客厅所带来的不良影响。

为了让客厅华丽变身，重回干净的状态，地板上就不要放东西了。像杂志和孩子的玩具、双肩包自不必说，就连放东西的柜子、架子之类的也尽量不要放在地板上。

　　也许你会觉得"我才不信那样做就能解决钱的问题"。

　　但是如果客厅的地板上被东西占满，你就很难想象出客厅整体的样子，一去商店只是看到店里摆放的杂货你就会觉得"好可爱！好想要！"，这样一来，乱花钱的行为是停不下来的。

　　仅仅是"不在地板上放东西"，我的很多客户都感觉发生了戏剧性的变化。

　　某位客户以前"只要看到喜欢的小东西就会立刻买下来"，现在她说"基本上不会买了"。据说她将地板上的东西收拾起来、将客厅当作特别的空间之后，她就减少了为减压而进行的购物了。不在地板上放置收纳柜和书架后，就没有了放置零碎杂物和书的地方，自然而然地就将它们收拾起来了。

　　这么做的结果就是，让人想要保持房间干净状态的心情发挥了作用，她减少了乱花钱购物的状况。

将客厅变得干净清爽，可以让人的大脑中设想到要把什么东西放在哪里。

这样一来，哪怕当你在商店里遇到想要的东西，也能够想象出这个东西是否真的需要，房间的状态是否跟它相称，能够做出"虽然很可爱但是跟我家不搭""尺寸太大了"之类的理性判断。

这是因为，如果不再将物品放在地板上，你就能够去斟酌判断是否真的需要该物品。

我们不知不觉会感到"屋子真脏"，常常焦躁不安。但是"屋子真脏"和"经常乱花钱"基本上是同义词。在你感叹没有钱之前，你需要收拾客厅的地板。这里是生活的中心场所。要好好地收拾干净，停止乱花钱，只生活在必需品环绕的环境中。由此，金钱的流通才会得以改善。

在"客厅"话题的最后，让我们稍微聊一下"金钱的住所"。

2014年，打火机公司"Zippo"针对"丢失的物品"进行了调查，结果显示，日本人一生中花在找东西上的时间平均为1255小时，换算成天数约是52天。

最爱丢的东西前三名为：

第一，钢笔

第二，现金

第三，钱包、零钱包

也就是说，我们在"找钱"这件事上花费了相当多的时间。人们会感觉"没钱"的理由似乎也在这里。

那么，为了不花费这种无效的时间，也为了让人们感觉"有钱"，你应该怎么做呢？

那就是决定金钱的住所。此处的"金钱"指的不只是现金，也包含银行卡和股票等。

重点是要将该场所设为自己的"特殊空间"。通过设置特殊空间，让自己产生要重视这个空间以及放进去的钱的心理。

为此，我们需要选择价值高的东西来作为"容器"。

人们有一种习惯，面对便宜的容器，会往里塞各种东西。如果在这些各式各样的东西中放入银行卡和现金，和其他价值低的东西混在一起，想要重视钱的意识就会下降。

相反，对于价值高的容器，人们就会习惯性地斟酌放进去的物品。那里可是用来放有价值的东西的特殊空间。由此才能产生珍视金钱的意识。

佐藤太太把钱的住所定在了客厅的矮桌下面了。这么一来，听说以前对家计完全没有兴趣的佐藤先生也开始变得在意现金和存款金额了。

在家人可以看得见的地方设置特殊空间，成了夫妻共同思考金钱的契机。

2. 厨房餐具定为"每人一组"

厨房也和客厅一样，是我们长时间待的场所之一。

即使你洗完了所有的餐具，又冒出一堆孩子和丈夫不断拿出的杯子。比如说想喝牛奶了就拿出牛奶杯，想喝茶了就拿出茶杯，想喝咖啡了就拿出马克杯。

你有没有遇到过水槽里堆满了脏兮兮的被用过的餐具，用的人也不会对你道谢……那样的情形呢？

佐藤太太家也并不例外。她之所以感叹既没钱又没时间的原因之一就是：她在这些家务上花了大量时间。

因此，我向她提议减少餐具。

即使碗柜中有很多餐具，里面也应该存在很多"有一阵子没有用过的餐具"。1个月、2个月没用过，甚至还有1年里也没用过1次的餐具。

"常用的餐具"和"不常用的餐具"混在一起，才是导致接下来购买"不常用的餐具"的最大原因。

在这种状态下，人们在商店一遇到自己喜欢的餐具就会立刻买下来。这是因为人们无法敏锐地判断那些餐具是不是真有用。

请你仔细地看看家里的餐具柜。真正常用的餐具占整体的百分比是多少？有很多人家甚至只有20%的占比。

首先亲眼去确认不常用的东西占比有多高，接着进入只筛选"常用的餐具"的操作。

我的提议是"每人一组餐具"。

每人一组餐具，木碗、饭碗、盘子、小碟子、海碗、马克杯、筷子、勺子、叉子，各用一个。只选出一个自己真正喜欢的餐具，剩下的全部舍弃。

这么做能带来以下好处：

- 不再买不需要的餐具
- 餐具柜里定好摆放位置，方便整理
- 吃饭定量，有益健康
- 丈夫和孩子不再不停地使用各种杯子
- 丈夫和孩子会自己洗餐具
- 清洗餐具的时间得以缩短

"每人一组餐具"。用于预制菜的保存容器和家里来客人时用的大盘子、装饰盘，只要有成套餐具就够了。给客人用的平日不用，所以收起来就行了。

将"如果没有这个餐具，现在还会买吗？"当作舍弃不需要的餐具时的判断基准。

如果觉得不会买，那这个餐具也许就不需要了，可以将其定为能够舍弃的东西。

假如遇到无论如何都想要的餐具时，请想起"每人一组餐具"的原则，考虑一下是否到了可以替换现在餐具的程度。如果答案是想要，就把现在正在用的舍弃，替换成新的餐具吧。

佐藤太太兴致勃勃地沉浸在厨房变革中。她非常满足地挑选"常用的东西"和"不常用的东西"。

但是因为一次性过度舍弃了所有的餐具，佐藤太太的丈夫和孩子们稍微有了点意见……

"勺子没了！"

"那个餐具被你扔了？"

"盘子不够了！"

她第一次察觉到减少的不仅仅是东西，还有家人的情绪。

结果据说佐藤太太把丈夫需要的海碗和大盘子放回了餐具柜。家里的餐具还是请和家人商量后再扔吧。

不仅仅是餐具，蔬菜削皮器、漏勺、红酒的开瓶器、三明治机和做寿喜烧的锅，厨房里塞满了人们出于"没准什么时候会用上"和"也许很好用"的动机购买的各种物品。

但是，所谓"没准什么时候会用"的想法是很危险的。人们去购物时也是受到这个冲动的影响，不断地购买不需要的东西。

请将"没准什么时候会用上"改变成"没有也没关系"的想法吧。那么做就可以用少量的东西进行生活。如果了解到自己只用必需品就能够满足生活所需，也就不会再买多余的东西了。

在用平底锅和炖锅的时候，人们会下意识地想着要把这些锅传给孙子辈。听住在意大利的朋友说，在意大利，比起用新的或者当下流行的东西，人们更骄傲于长期使用旧东西。

所以，人们会很珍惜地继承和使用祖母用过的平底锅和炖锅，用代代相传的锅去做菜会有一种"肯定会很好吃"的安心感。被施了那种魔法的锅，不仅仅是普通的锅了，而是像守护神一般的存在，所以会让人产生想要代代珍惜的想法。

厨房里一方面存在着想要珍视的、想传给子孙后代的东西，另一方面也存在着可以舍弃的东西。而决定这些东西价值的正是我们自己。

3. 衣柜里的衣服，每买一件就扔一件

佐藤太太没有钱的原因也存在于散乱的衣柜中。

她丈夫每月的零花钱是 3 万日元。

佐藤太太自己的零花钱是没有规定的，也就是说实际上是没有限制的。

因此在换季时，佐藤太太会斜眼看着塞得满满当当的衣柜说"没有可以穿的衣服啊"，然后就出去购物了。

美国的著名营销顾问丹·肯尼迪先生说过，人们在购物时的宗旨是"靠感情做出购买决定，靠理论将其合理化"。

例如，人们进入商场后发现了闪闪发光的春季新品对襟毛衣。

"哇——好可爱！好想要！"

此时，人们就如同遇到命定之人那样兴高采烈，产生难以抑制的感情，胸中扬起兴奋激动的情绪。

当你想着"多少钱呢……"，一看价签 24000 日元……

"贵，真贵啊……"

尽管有一瞬间的犹豫，但你还是会立刻调整心情想道：

"但是，如果今天不买的话就再也买不到了！"

"到夏天为止绝对把它当成宝贝。"

这么一来，你就将购物理由用理论合理化了。

结果就是，尽管人们不自主地进了店里，还是说出了"请帮我结算这件"这句话。

所以人们会因感情购买最初发现的物品,并将这种购物行为用理由去合理化。

而且,就算回到家里被丈夫吐槽:"你不是有相同颜色的衣服了吗?"你也会反驳说:"才没有呢。材质完全不同嘛。"如此进一步将购买一事合理化。

就这样,为了将自己的行为合理化,你会开始找各种借口。

但是一看衣柜就会发现到处都是相同颜色、相同材质、相同版型的西装,而你完全是有什么衣服、有几件都不清楚的情况,衣柜里全都是因冲动买的西装了。

解决方法是:每买一件就扔一件。

如果是买对襟毛衣,就舍弃一件目前已经有的,也就是扔掉同类的衣服。

重点是一直要保证衣服的件数总是"相同的数量"。不要一味只增加新衣服,而是新旧交替。

这么做的话,当你站在觉得"想要"的西装前,就会考虑"买这件的话,需要扔掉哪件旧的呢",接着逐渐变得不会随便买新衣服了,能够理性地思考"这么说的话,我还有相同颜色的对襟毛衣呢,那件还能继续穿"。

最后的结果就是,逐渐不会因为"太棒了!好想要!好可爱!"这种理由去买衣服了。

另外,如果能将家里的衣柜彻底收拾干净,甚至能确定哪件上衣可以搭配哪条裙子,冲动购买行为就会减少。

这是因为你在大脑中思考了西装的搭配组合,这可以使你理性地考虑是否需要买新衣服。

就这样,通过整理衣柜,你既可以变得时尚,又可以减少乱消费的行为,进而整理了金钱的流通。

逛商场时，你心里会产生什么想法？

也许也有人会觉得，"就算这么说，但是我最喜欢购物了，停不下来啊"。那些人如果了解到人们逛商场时会产生的两种心理，也许在购买前可以冷静地思考一下。

1. 被降价诱惑的心理

在购物时，人们会发现，有的价签会在"9800日元"的价格处有道划线，变成"4800日元"的价格，对吧？看到这里，人的心情会变得很好，就容易想着"太棒了！打折了！"，然后高兴地掏钱买下。

这在心理学中叫作"锚定效应"：让我们对最先看到的数字和信息留下印象，将其作为购买时的判断基准。

我们会觉得4800日元便宜，是因为它带着原本9800日元的价签。我们需要不被这种心理效果欺骗，冷静思考物品的价值后再购买。

2. 想要将钱花在"现在立刻就想要"的物品上的心理

比起未来的利益，我们会本能地倾向于优先考虑眼前的利益。

不是为了未来存钱，而是将钱花在了现在想买的西装上，这正是出于这种被称为"短视效应"的心理效应。这就证明了我们很难抑制"现在立刻就想要"的感情。

当你遇到想要的连衣裙时，请花24小时认真思考一下是不是真的需要买吧。回家看看，也许衣柜里其实已经有了类似的连衣裙。

不用节约也可减少"电费燃气费"的方法

最后让我们来聊聊"电费燃气费"。

我遇到的很多客户都很讨厌"节约"二字。既有已经厌倦了节约的人,也有节约后遭遇反弹的人。甚至还有人说:"如果给我钱,我可以节约哦!"

他们就是讨厌"为了节约必须要忍耐"这种想法。人们会厌烦"太浪费电了,别开空调了吧",或者"太浪费水了,泡澡时少用点水,淋浴也尽量早点结束吧"此类想法。

我也是这样。忍耐不是长久之计。

花电费燃气费获得的房间的温暖,和孩子们一起优哉享受的泡澡时光,慢慢咕嘟咕嘟蒸煮出来的饭的香味,这些我都不希望因为"节约"二字而放弃。

因此，我在这里为大家介绍没有压力负担的整理电费燃气费的方法。

早晚刷牙时使用杯子

每天早晚使用盛满水的杯子去刷牙。仅仅是不再让水白白流30秒，1家4口1年就可以减少3480日元的水费。

用小水量去冲厕所

注意这种小事也许会被人嘲笑"过于在意细枝末节了"。但是，通过用小水量去冲厕所，1个人1年能减少大约1500日元的水费。1家4口1年就能节约6000日元。日本的用水量是世界平均值的大约2倍。这么做也能够珍惜地球珍贵的水资源。

将照明系统改成LED

根据日本电力比较网站Enechange的换算，如果将家里的所有照明系统改成LED照明，四室两厅户型大小的房子每个月有可能节省大致1540日元，1年大致节省18480日元的电费。

将空调温度设置为自动调节

比起频繁地开启关闭空调,将空调设为自动调节会更省电费。比起开弱风,还是自动设定更省电费。

佐藤太太
发生的变化

佐藤太太通过执行上述整理，发生了如下变化：

不再将东西放在客厅的地板上……
→ 不再购买之前每月会花掉3000多日元的杂物了。

确定金钱的住所……
→ 她跟丈夫关于钱的沟通变多了。

餐具定为"每人一组"……
→ 每天洗餐具的时间缩短了5分钟，水费也减少了。
→ 购买不需要物品的习惯消失了。

每买一件衣服就扔掉一件……

→ 每月 3 万日元的服装费减至 1.5 万日元。

整理了电费燃气费……

→ 一年削减了 3 万日元以上的支出。

佐藤太太就这样成功挑战了家居整理。

曾经一充满压力就会不断购物,整个人生被家里塞满的东西折腾得疲惫不堪的佐藤太太身上发生了巨大的变化。

佐藤太太不仅仅减少了浪费式购物,在过上只被必需品围绕的简约生活后,她获得了"精神上的满足感"。

家里的东西减少了,他们开始珍惜每一套西装、每一个餐具。据说佐藤太太用现有的东西就已经开始觉得每天的生活过得很满足了。这对于她而言是出乎意料的结果。

现在,比起购物,佐藤太太开始对瑜伽和旅行等体验产生了兴趣。

她现在正为了能在自己家开瑜伽教室、当上讲师而奋斗着。

在展开梦想的客厅里创造无数的相遇。

在每天的生活中，你自己想要珍惜的是什么？

为了觉察自己的感受，请开始整理家里的房间吧。

收拾地板，整理餐具，创建衣柜规则。请你从早晨开始，一天内一下子搞定吧。

简单认真地去生活，就可以让你感知到物品以及自己的价值。那便是能达成自我精神层面的满足感的原因。

07

整理另一半

他花钱的原因是什么呢?

老公竟然给了那么多份子钱？！

"为了庆祝小叔子结婚，老公给了20万日元的份子钱。"

"出差一次回来，他给孩子幼儿园的老师都买了土特产。"

"给了他3000日元，结果他在百元店全花光了。"

"他将奖金的明细单藏在了车的仪表盘里。"

"拜托他买东西，结果他买了没有让他买的昂贵的东西。"

上述都是我们所爱的丈夫的种种愚蠢行为……

不对，不是愚蠢行为呢。

即使从妻子角度看来是愚蠢行为，从丈夫角度来看却是有正当理由的行动。

07 整理另一半

全世界的妻子都应该会有这样的想法：看到丈夫的花钱方式总是忍不住想唠叨一句。所以，我们想要改正丈夫的行为。但实际上，这里隐藏着巨大的陷阱。

迄今为止，我向各位介绍过整理钱包、银行卡、冰箱、记事本等各种"金钱流经通道"的方法了。在本书的最后，我想要介绍的金钱流经通道是我们的丈夫。

不论是夫妻双职工的家庭还是全职主妇的家庭，很多都会通过丈夫获取金钱。如果这个通道能够通畅，妻子也会容易掌控家计，但如果通道散乱，各种问题都纷纷出现。

不仅仅是浪费，丈夫在妻子不知不觉中"申请借款"的情况也不少。

本书的最后，我会在介绍某位因丈夫和金钱关系而苦恼的女性的故事的同时，讲述整理丈夫的方法。

老公总是随意买东西回来……

田边由佳里太太（化名）对于她丈夫的花钱方式很苦恼。她的烦恼是："丈夫每天都会在便利店乱花钱……"

田边先生非常喜欢甜食，下班回家时一定会顺道去超市买热咖啡和甜点。因为还会给田边太太和孩子们买回甜点，所以他每次大概会花掉将近 1000 日元。就只是这些，每个月就要花掉大概 2 万日元。从田边太太的角度来看，这是一笔很大的花销。

"老公也是关心我们，所以为我们买回来礼物……"

起初，田边太太这么想着就忍下来了。
在这期间，她定了存钱的目标。

那就是"买房子"。
结果她突然觉得乱花钱的丈夫很可恶。

"我明明为了买房子这么努力地存钱,他为什么要在便利店乱花钱啊?他怎么这么大大咧咧啊!"

田边太太这么想的日子一天天地增多,而丈夫依旧是每天持续买甜点。终于有一天,田边太太的怒火爆发了。

"老公,你能不能不要再每天乱花钱了!你又不是涨工资了。这样的话,什么时候咱们才能买自己的房子啊!你以为我是抱着什么想法在存钱呢?我可是每天都在节衣缩食地忍耐着啊!"

客厅的气氛如冰冻一般。如果丈夫此后不再逛便利店还算好,但是他在那之后依旧还是买"甜点和咖啡"。

田边太太来找我咨询时透露道:"我老公反而变得固执了……"他们的问题其实是夫妻没有理解彼此对金钱的价值观。

想要通过金钱获取的价值因人而异

世界第一的投资家、大富豪的沃伦·巴菲特先生曾说过:"价格是你付出的,而价值才是你得到的。"

即支付金钱才能获取价值。

"何为价值"是因人而异的。即使是夫妻,对此的认知也可能完全不同。对于丈夫的价值观,对于妻子的价值观,如果彼此不能相互理解,就会爆发对对方的不满。

于是,我问田边太太想要通过金钱获取什么样的价值。那时我不断重复问她"为什么"。

提问:"对于田边太太而言,为什么钱很重要呢?"
回答:"为了一家人的安心和安全。"

提问:"那么,为什么一家人的安心和安全很重要呢?"
回答:"因为家人的笑脸很重要。"

提问:"那么,为什么家人的笑脸很重要呢?"
回答:"因为那是家人和我的幸福。"

通过这些问题引导出的田边太太的价值观是"钱＝为了家人和我的幸福"。为了这个目标她还建立了"想要买房子"这一具体梦想。察觉到这点的她很吃惊。

理解了"为什么"用法的田边太太,也马上试着问了丈夫这些问题。

她需要理解的是为什么丈夫每天都要买甜点和咖啡。

由此去弄清楚他想要通过金钱获取什么样的价值。

田边太太选在孩子们都睡熟后双方都冷静的时间向丈夫抛出了问题。

"喂,你觉得,为什么钱很重要呢?"

"嗯。应该是为了每天的生活费吧。"

"那么,为什么每天的生活费很重要呢?"

"没有生活费的话,你们没办法吃好吃的啊。"

"那么,为什么我们吃好吃的很重要啊?"
"那不就是,让你们吃好吃的,想让你们开心嘛。"

这么引导出来的丈夫的价值观是"钱＝为了让家人开心"。

田边太太这下明白了丈夫的想法。那个周末,她在购物时顺道为丈夫买来了甜点和咖啡。为了进一步理解丈夫的心情,田边太太试着做了和丈夫一样的事。

结果丈夫十分吃惊,但很开心地说了"谢谢"。

被丈夫感谢的田边太太也觉得很开心。

丈夫每天在便利店花钱获得的价值,确实是"让家人开心"。

田边太太回想了一下,当丈夫刚开始买回来甜点的时候,她确实发自内心地开心。尽管老公工作一天很累了,但还是为了她和孩子们买来甜食,于是她向他由衷地说了"谢谢!"

田边太太想起之前丈夫会问她该给工作上的客户带什么礼物。她给出建议后,丈夫每次会很开心地说:"那样的话,客户应该会很高兴!"

田边先生是一个非常喜欢"让人开心"的人,面对家人更是如此。田边太太之前觉得丈夫每天逛便利店是"乱花钱",但是对于他而言,那是用来获取"让家人开心"这一价值的非常重要的每日必做功课。

理解到这点的田边太太不再认为丈夫乱花钱就是她"买房子这一梦想的敌人",她真切地感受到丈夫其实是一起实现梦想的重要伙伴。

从此开始,田边太太对丈夫的态度发生了变化。

对你开始存钱的几句赠言

说起来，原本田边太太抱有很强的责任感，认为"为了买房子，我要存钱"。

她是那种即使在家务和育儿方面也会认为"自己有全部责任"的人，会倾向于敌视妨碍到她的人。

每天在便利店花钱的丈夫，是买房子的敌人。

"这么乱花钱的话，这辈子都买不起房子了啊！"

"我明明都这么努力了。"

自然，田边太太抱着这种心态对丈夫说话时也变得严厉了。这样做反而让丈夫变得固执起来。

但是，理解了丈夫的价值观是"喜欢让人开心"之后，田边太太对丈夫说话时也自然地变温柔了。

"虽然我很想有咱们自己的房子,但是管理钱很困难,很难存下钱呢。"

田边太太说的话已经没有指责丈夫的意思,反而是"商量"了。

她丈夫喜欢"让人开心"。田边太太一找他这么商量,田边先生就开始思考,怎么样做能让她开心呢?

能让田边太太开心的事,那就是存下够房子首付的存款。被她找来"商量"的丈夫很充分地理解了这一点。

田边先生以"买房存款"为课题,将每天买甜点的钱亲手交给太太转为存款了。

现在,田边先生还是会每周买一次甜点和咖啡,但是其他的日子,存款都在增长。

夫妻彼此理解"用花钱来获得的价值是什么",就能一起开始整理金钱了。

田边太太
发生的变化

田边太太就这样理解了丈夫想要靠花钱获取的价值,据说之后她和丈夫的争吵也减少了。

她明白了,对于自己有价值的东西,对另一方而言不一定是有价值的。重要的是"尊重彼此的价值观"。

花钱的途径因人而异,比如说为了买食物、为了去旅行、为了支付教育费、为了买房子,等等。

但是当你冥思苦想钱为什么重要时,可能费尽周折最终得出来的结论就是"为了幸福"这么简单。不论是谁,花钱都不只是为了买某样东西。

不管是存钱还是花钱,都是因为惦记着自己和某些人。

钱不是争吵的种子,而是关爱的种子。

为了自己喜欢或者令人兴奋的事物花钱的人，充满了能量，过着充实的人生。

他们不论是存钱还是花钱都很快乐，爱着金钱本身。他们觉得钱是开拓自己人生之路的重要伙伴。

储存下来的能量该怎么用，也会决定你如何生活下去。

夫妻们请相互理解彼此的价值观，互相尊重，为了自己觉得重要的价值去花钱吧。

重视金钱，也是重视自己的人生。

后 记

"妈妈总是唠叨,很烦呢!"

这是在我烦恼没钱时女儿对我说的话。

那时的我,不仅仅是没钱,也没有时间和自信,处于觉得什么都没有的状态。我每天手忙脚乱,脑袋里十分混乱,常常觉得好忙,结果天天都陷入所有事情变成"麻烦"的恶性循环。

但是以我女儿指出来为契机,我封印了"麻烦"这句话,取而代之的是使用"没问题,我可以"这样的话语。

这么一点点地行动起来,我自己真的觉得"什么都能做""没问题"了。在整理金钱和生活的过程中,我也明白了自己要选择什么,想要重视什么。

让生活有秩序,自己的内心也能建立秩序。

现在,我也时不时地会想起自己因没钱而苦恼的时候。

自己那时没有的真的是"钱"吗？

回首过去，那时的我没有的不是钱，也许我没有的是"自信"。那种"自信"是通过整理了金钱流经通道后才建立起来的。

如果你现在既没钱，又没时间，还没自信，受困于混乱的每一天无法挣脱，请一定要试着整理一下金钱的流经通道。

如果不安或恐惧袭来，请你一边整理散乱的状态，一边念"没问题，我可以"。不要过低评价自己迈出的一小步，请对自己选择的道路有自信。

我的愿望是希望整理好金钱的你，能够相信自己可以实现梦想，最终目标是在整理好金钱后过好你自己的人生。

因为"整理金钱"就是在"整理人生"。

哪怕只是多一个人，我也希望整理金钱可以成为你整理自己人生的契机。请你相信自己的道路，向前不断前进吧。

市居爱

2016 年 2 月